Sabine Brand und Saskia Flöing

Materialien und Kopiervorlagen zu

Max von der Grün
Vorstadtkrokodile

Hase und Igel®

Inhalt

© 2010 Hase und Igel Verlag GmbH, München
www.hase-und-igel.de
Lektorat: Sandra Hummel
Satz: Claudia Trinks
Illustrationen: Johann Brandstetter

ISBN 978-3-86760-628-8
4. Auflage 2022

„Vorstadtkrokodile" – Das Buch im Unterricht

Das Buch

Max von der Grüns „Vorstadtkrokodile" zählen längst zu den Kinder- und Jugendbuchklassikern und haben bis heute nichts von ihrem Reiz und ihrer Aktualität verloren. Der Roman eignet sich als Schullektüre bereits für lesestarke 4. Klassen, vor allem aber ab der 5. Klasse.

Die Vorstadtkrokodile sind eine Gruppe von Kindern, zu der auch der 10-jährige Hannes gehören möchte. Dazu muss er jedoch eine gefährliche Mutprobe bestehen. Dann lernt Hannes Kurt kennen. Der 12-jährige Junge ist seit einem Unfall querschnittsgelähmt und sitzt im Rollstuhl. Zuerst möchten die Krokodiler nichts mit Kurt zu tun haben, sie haben Vorurteile und sind unsicher, wie sie sich ihm gegenüber verhalten sollen. Nach und nach jedoch wird Kurt, durch Hannes' Mithilfe, von den Vorstadtkrokodilen akzeptiert. Zusammen gelingt es ihnen, die geheimnisvollen Diebstähle in ihrem Viertel aufzuklären. Am Ende sind die Kinder Freunde.

Schüler für das Lesen zu begeistern ist ein zentrales Anliegen des Deutschunterrichts. Die Lesemotivation der Kinder wird durch Jugendbücher mit spannenden Themen, fesselnden Geschichten und Bezügen zu ihrer Lebenswelt gesteigert. Auch sollten sich die Schüler mit den Figuren identifizieren können. Max von der Grün schafft es mit seiner Geschichte, gleich mehrere Themen ansprechend zu verbinden: Behinderung, Vorurteile, Ausländerfeindlichkeit, Freundschaft und Zusammenhalt in der Gruppe. Eingebettet in eine Detektivgeschichte werden diese Themen ohne pädagogischen Zeigefinger aufgegriffen, wodurch sie bei jedem Leser individuell wirken und zur Entfaltung kommen können. Der Autor widmete dieses Buch seinem Sohn Frank. Er ist auf den Rollstuhl angewiesen und musste als Kind wie die Romanfigur Kurt zu Hause sitzen und darauf warten, dass Freunde ihn zum Spielen abholen. Diese Information über den Autor wird die Schüler zusätzlich emotional ansprechen.

Das Material

Das Interesse der Kinder an Detektivgeschichten wird im Materialteil aufgegriffen und in einen handlungsorientierten und vielseitigen Literaturunterricht eingebettet. Die Schüler setzen sich intensiv mit dem Buch und seinen Inhalten auseinander, indem sie z. B. Forscheraufgaben zu einzelnen Sinnabschnitten, Rätsel oder Geheimschriften lösen und entziffern. Vertiefend beschäftigen sie sich mit den Themen „Behinderung", „Freundschaft" und „Loyalität". Die Aufgaben regen zum Nachdenken an. Sinnerfassendes und genaues Lesen, die Erschließung von Tex-

ten sowie der Umgang mit Konflikten werden, z. B. im szenischen Spiel, geübt. Kreatives Schreiben findet genauso seinen Platz wie ein Wissensspiel.

Die soziale Kompetenz der Schüler wird erweitert, indem sie sich mit den genannten Themen persönlich und in der Interaktion mit ihren Klassenkameraden auseinandersetzen. Die verschiedenen Arbeitsaufträge können sowohl in Einzel-, Partner- oder Gruppenarbeit wie auch in Freiarbeitsstunden gelöst werden. Natürlich können auch immer wieder Fragestellungen im Plenum erörtert werden.

Der Lehrerteil bietet jeweils eine kurze Zusammenfassung einer Sinneinheit, Hinweise zu den einzelnen Kopiervorlagen, alle Lösungen, weiterführende Anregungen für die Bearbeitung im Unterricht sowie Angebote zur Differenzierung. Ideen zum kreativen Umgang mit den Lektüreinhalten finden Sie unter der Rubrik „Kreativ aktiv".

Ein besonderer Anreiz für Ihre Schüler ist eine Filmvorführung am Ende der Lektüre. Die „Vorstadtkrokodile" wurden 1977 fürs Fernsehen und 2009 fürs Kino verfilmt, wobei die Rahmenhandlung modernisiert wurde. Neben der Beschäftigung mit den vielfältigen Kopiervorlagen dieses Materials bietet eine Verfilmung weitere spannende Aspekte zur Auseinandersetzung mit der Lektüre.

Signets am oberen rechten Seitenrand verdeutlichen den thematischen Schwerpunkt jeder Kopiervorlage

| zur Lektüre | Behinderung | zwischen-menschliche Beziehungen | Textarbeit |

Die einzelnen Arbeitsaufträge auf den Kopiervorlagen sind zur besseren Orientierung mit folgenden Symbolen versehen:

| lesen | schreiben | sprechen | kreatives Gestalten |

Viel Spaß mit den Vorstadtkrokodilen wünschen Ihnen und Ihrer Klasse

Sabine Brand und Saskia Flöing

Vor der Lektüre

Detektivgeschichten begeistern Kinder – umso mehr, wenn darin eine Schülerbande die Hauptrolle spielt. Spannend ist es auch, etwas über die Kindheit vor fünfzig Jahren zu erfahren. Verschiedene Möglichkeiten der Einführung sind also denkbar. So können Sie z. B. den Schauplatz und die Zeit der Lektüre in den Vordergrund stellen: Die Kinder der Nachbarschaft spielten oft miteinander, überwiegend draußen. Die Lebensumstände waren damals andere. So gab es als Währung die Deutsche Mark, die Löhne waren geringer, dafür waren jedoch auch die Lebenshaltungskosten wesentlich niedriger. Zeigen Sie Bilder aus dem Dortmund oder dem Ruhrgebiet der 70er-Jahre. Das Aussehen der Städte und hier speziell die Wohnsituation hat sich im Laufe der Jahrzehnte gewandelt. Die Kinder befassen sich vertiefend mit dem Ort der Handlung, indem sie hierzu im Internet oder in Büchern recherchieren (z. B. *www.planet-wissen.de/kultur/nordrhein_westfalen/ruhr gebiet/index.html*; Albert Haufs / Miriam Kuhl: Das Ruhrgebiet – Früher und heute. Komet Verlag GmbH; Hans Dieter Baroth: Streuselkuchen und Muckefuck – Unsere Kindheit im Ruhrgebiet. Klartext Verlagsgesellschaft). Anschließend gestalten sie aus diesen Bildern und Informationen eine Collage. Sie unterscheiden dabei zwischen früher und heute und präsentieren am Ende ihre Ergebnisse. Mögliche Gesprächsanlässe: Wie waren die Wohnverhältnisse damals? Wie stellt ihr euch die Kindheit in dieser Zeit vor?

Eine andere Möglichkeit ist es, mit der Klasse Überlegungen zum Titel oder zum Untertitel des Buches anzustellen. Auch die Nutzung des Covermotivs als stummen Impuls und Schreibanlass ist eine anregende Ausgangssituation, um sich auf die Lektüre einzustimmen.

In allen Fällen wird eine Erwartungshaltung aufgebaut, die sich positiv auf die Lesemotivation der Kinder auswirkt: Was hat es mit den Vorstadtkrokodilen auf sich?

Unterrichtsschwerpunkte

- Der Mensch als Individuum
- Der Autor
- Lektürebegleitende Notizen

Zu den Kopiervorlagen

Jeder ist besonders
KV Seite 6

Die Krokodiler sind so unterschiedlich, wie es auch die Kinder Ihrer Klasse sind. Jeder zeichnet sich durch besondere Eigenschaften oder Verhaltensweisen aus. Die Schüler schreiben zu jedem Krokodiler eine wichtige Eigenschaft auf. Dafür lesen sie auf den ersten Seiten des Buches nach.

Wie sind meine Mitschüler? Wodurch zeichnen sie sich aus? Indem die Schüler sich Gedanken zu ihren Klassenkameraden machen, vertiefen sie die Erkenntnis, dass jeder besonders ist. Umgekehrt erfahren sie, was die Klassenkameraden an ihnen schätzen. Die „Tisch-Krokodile" können für die Zeit der Lektüre auf dem Tisch kleben bleiben und gegebenenfalls ergänzt werden. Halten Sie die Klasse dazu an, keine verletzenden oder zu persönlichen Dinge aufzuschreiben.

Vertiefend bietet sich die Gestaltung einer Fotowand Ihrer Klasse an. Kleben Sie ein Foto jedes Schülers auf ein Plakat. Darunter können von den Mitschülern jeweils die charakteristischen Eigenschaften notiert werden.

Mögliche Lösung

Olaf: Er ist am ältesten und stärksten und der Anführer. Er hatte die Idee mit dem Krokodil.
Willi: Er ist zweiter Stadtmeister im Schwimmen.
Hannes: Er ist mit zehn Jahren der Jüngste und auch der Kleinste der Bande. Er schließt zuerst Freundschaft mit Kurt.
Kurt: Er sitzt in seinem Rollstuhl und passt auf.

Forscherauftrag – der Autor
KV Seite 7

Die Kinder informieren sich über den Autor Max von der Grün. Die Stichpunkte auf der Kopiervorlage helfen ihnen dabei. Legen Sie Material zum Nachschlagen bereit oder ermöglichen Sie den Zugang zum Internet. Der Lebenslauf des Autors ist eng mit dem Inhalt der Lektüre verknüpft. Diese Feststellung wird die Kinder interessieren und sie motivieren, im Buch weiterzulesen.

Lösung
Name: Max von der Grün
Geboren: am 25. Mai 1926 in Bayreuth
Gestorben: am 7. April 2005 in Dortmund
Berufe: gelernter Kaufmann, Soldat, Maurer, Bergarbeiter, Grubenlokführer, Schriftsteller

Zur Entstehung von „Vorstadtkrokodile": Das Buch ist von der Grüns Sohn Frank gewidmet. Dieser ist behindert und muss im Rollstuhl sitzen. Er war immer auf Hilfe angewiesen und das Warten auf Spielkameraden gehörte zu seinem Alltag. Max von der Grün wollte mit der Geschichte junge Menschen für dieses Thema sensibilisieren und dazu ermutigen, nicht wegzuschauen, wenn man eine behinderte Person trifft. Er schildert außerdem das Leben der Arbeiterklasse, zu der auch er gehörte.

Weitere Bücher: Kinder- und Jugendbücher: Friedrich und Friederike (1983), Die schöne Unbekannte (1997); Romane für Erwachsene: Irrlicht und Feuer (1963), Stellenweise Glatteis (1973), Die Lawine (1986); Autobiografisches: Wie war das eigentlich? Kindheit und Jugend im Dritten Reich (1979); Erzählungen: Waldläufer und Brückensteher (1987), Die Saujagd und andere Vorstadtgeschichten (1995)

Das Krokodiler-Handbuch

KV Seite 8

Begleitend zur Lektüre erstellen die Schüler ein kleines Handbuch. Die Seiten auf der Kopiervorlage dienen als Blankovorlagen. Zentrale Inhalte der Lektüre werden hier festgehalten. Dazu zählen z. B. wichtige Angaben zu den Bandenmitgliedern, die Regeln der Krokodiler, Informationen zur Hütte in der „Kleinen Schweiz" oder zur Ziegelei. Diese Sammlung wird im Laufe der Lektüre ergänzt. Weitere Informationen, z. B. zu den Eltern der Krokodiler oder zu den Einbrechern, können notiert werden. Ein Deckblatt wird frei gestaltet. Die einzelnen Seiten werden am Ende geordnet und an den grauen Flächen zusammengeheftet. Es ist auch möglich, die Seiten am Anfang zu lochen und mit einer Kordel zusammenzubinden, sodass einzelne Blätter nachträglich ergänzt werden können.

Mögliche Lösung

Olaf: 14 Jahre, der Älteste und Stärkste der Bande – Frank: kann gut klettern, wird deshalb Affe genannt – Otto: kann am besten Fahrrad fahren – Rudolf: hat ein tolles französisches Fahrrad – Theo: rote Haare, muss immer seine Schwester spazieren fahren, trägt meist eine Schottenmütze – Peter: bohrt oft in der Nase, schwarze Haare – Willi: guter Schwimmer, lange blonde Haare, kaut an den Fingernägeln, wird deshalb Kaninchen genannt – Maria: 13 Jahre, Schwester von Olaf – Hannes: 10 Jahre alt, der Kleinste und Jüngste, hat viele Sommersprossen im Gesicht, wird deshalb Milchstraße genannt – Kurt: sitzt im Rollstuhl, ist querschnittsgelähmt, hat braune Haare, hat immer eine Decke um seine Beine gelegt – Die Hütte: liegt in der „Kleinen Schweiz", um den Stamm einer Buche herumgebaut, daran hängt ein fast blinder Spiegel, der Boden ist mit Moos ausgelegt, sie haben Tisch und Stühle darin – Die Ziegelei: seit Jahren verlassen, betreten verboten, zwei Kilometer von der Papageiensiedlung entfernt, Fenster sind zerbrochen, Mauern sind morsch, Dächer löchrig, Drahtzaun außen herum, Bürogebäude, Kamin, Trockenhalle, das Einfahrtstor ist mit Ketten verschlossen

Kreativ aktiv

Ein Lesezeichen gestalten

Die Schüler erstellen ein Lesezeichen, das ihnen als Begleiter durch die gesamte Lektüre dient. Dafür zeichnen sie ein Krokodil und schneiden es aus. Sie gestalten es mit Buntstiften, indem sie feine Muster aufmalen. Mehrere Farben übereinandergemalt ergeben schöne Mischtöne. Anschließend schreiben sie in Schönschrift ihren Namen darauf. Laminieren Sie die Krokodile, sodass sie länger haltbar sind.

Das Ruhrgebiet

Im Geografieunterricht kann das Thema „Ruhrgebiet" behandelt und die Besonderheiten dieser Landschaft sowie deren Entwicklung herausgearbeitet werden. Im Vergleich mit dem eigenen Heimatort und der dortigen Landschaft wird ein Bezug zur Lebenswelt geschaffen und ein Bewusstsein für die unterschiedlichen Kulturlandschaften innerhalb Deutschlands angebahnt.

Jeder ist besonders

Du hast die Krokodiler kennengelernt. Über jeden lässt sich etwas Besonderes sagen. Otto kann z.B. am besten Fahrrad fahren.

 Schreibe zu jeder Person eine Besonderheit auf.

Olaf	Willi	Hannes	Kurt

_____ _____ _____ _____

_____ _____ _____ _____

_____ _____ _____ _____

 Auch in deiner Klasse ist jeder etwas Besonderes. Mache dir Gedanken zu jedem Einzelnen und schreibe auf. Das „Tisch-Krokodil" hilft dir.

Du brauchst:
• Schere, Klebeband
• Stift

So geht's:

1. Schneide das Krokodil aus und klebe es auf deinen Tisch.

2. Gehe leise durch die Klasse. Schreibe auf die Krokodile deiner Klassenkameraden, was sie deiner Meinung nach besonders gut können oder was das Besondere an ihnen ist.

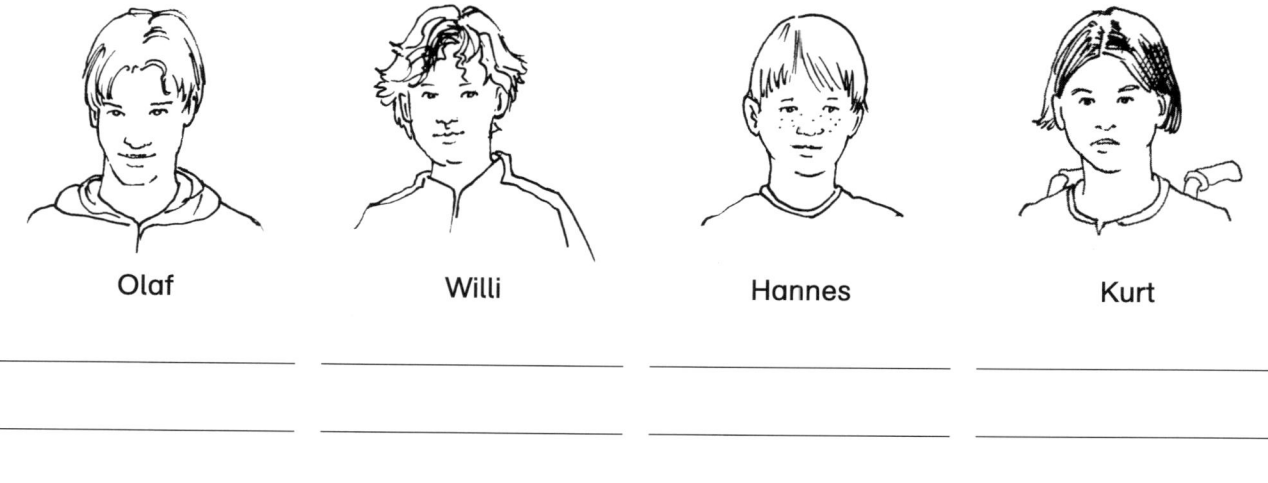

kann gut rechnen

hat viele Sommersprossen

kann sehr schnell rennen   erzählt lustige Witze   teilt gerne

ist hilfsbereit   schreibt spannende Geschichten

Forscherauftrag – der Autor

 Was kannst du über den Autor herausfinden? Suche in Büchern und im Internet.

Name: _____

Geboren am: _____ in: _____

Gestorben am: _____ in: _____

Berufe: _____

_____

Zur Entstehung von „Vorstadtkrokodile": _____

_____

_____

Weitere Bücher: _____

_____

_____

Sonstiges: _____

_____

 Überlege dir weitere Fragen, denen du nachgehen kannst. Schreibe auf.

Das Krokodiler-Handbuch

✂

Krokodiler-Handbuch
von:

_____

Die Hütte

Die Ziegelei

Inhalt

Die Mitglieder der Krokodiler-Bande werden vorgestellt. Hannes möchte gerne dazugehören und lässt sich auf eine Mutprobe ein. Diese geht beinahe schief, denn er droht vom Dach des Hauses auf dem alten Ziegeleigelände abzustürzen. Die Krokodiler bekommen Angst und laufen davon. Nur Maria, das einzige Mädchen der Gruppe, ruft die Feuerwehr. Hannes wird gerettet und nach Hause gebracht. Seine Mutter ist entsetzt. Sein Vater ist wütend und bestraft Hannes mit Hausarrest, Fernsehverbot und Taschengeldentzug. Hannes sitzt wegen des Fernsehverbots oft am Fenster. Auf der Straße sieht er Kurt, der im Rollstuhl sitzt. Hannes interessiert sich für den Jungen und knüpft Kontakt mit ihm.

Einige Tage später trifft Hannes Kurt und seine Mutter beim Einkaufen wieder. Er bietet seine Hilfe an und lernt, wie man den Rollstuhl bedient. Er begleitet Kurt nach Hause. Hannes staunt, wie selbstständig Kurt sich ohne Rollstuhl in der Wohnung bewegen kann. Sie verabreden, dass Hannes jetzt öfter vorbeikommt. Zu Hause erzählt Hannes seiner Mutter von Kurt.

Man erfährt, dass die Geschichte im Juni und in Dortmund spielt. Hannes macht den Vorschlag, Kurt ohne Mutprobe bei den Krokodilern aufzunehmen. Die Bandenmitglieder diskutieren darüber und lehnen nach einer Abstimmung ab.

Unterrichtsschwerpunkte

- Freundschaft und Loyalität
- Umgang mit Behinderungen

Zu den Kopiervorlagen

KV Seite 14

Die Mutprobe
Mit dieser Aufgabe wird das Textverständnis überprüft. Lesestarke Schüler können zuerst den Abschnitt im Buch lesen und dann ohne nachzusehen die Streifen richtig ordnen. Leseschwächere Schüler ordnen die Streifen mithilfe der Lektüre. Die Textausschnitte sind nicht wörtlich der Lektüre entnommen, wodurch das Ordnen etwas erschwert wird.

Lösung

! – Die acht Krokodiler sahen gespannt zu, wie Hannes die zehn Meter hohe Leiter hinaufstieg. Das war Teil der Mutprobe, die man ablegen musste, um zur Gruppe der Krokodiler zu gehören.

Z – Immer höher und höher kletterte Hannes die wacklige Leiter hinauf. Je höher er kam, desto mehr schwankte sie.

R – Hannes hatte den ersten Teil der Mutprobe geschafft. Der zweite Teil bestand nun darin, von der Leiter auf das Dach zu klettern, beide Arme zu heben und laut „Krokodil" zu rufen.

U – Hannes ruhte sich ein paar Minuten aus. Dann setzte er sich vorsichtig auf, hob beide Arme und rief: „Krokodil! Krokodil! Ich hab es geschafft!"

T – Das Hinaufklettern war für Hannes bedeutend leichter gewesen als das Hinunterklettern, da er nun nicht mehr sehen konnte, wohin er trat.

S – Langsam rutschte Hannes auf dem Bauch abwärts. Als er sich nirgendwo festhalten konnte, schrie er so laut er konnte um Hilfe.

B – Die Jungen fuhren davon und zunächst folgte Maria ihnen. Dann kehrte sie jedoch um und fuhr zu einer Telefonzelle an der Hauptstraße. Von dort rief sie die Feuerwehr an.

A – Aus einem Versteck heraus beobachtete Maria, wie Hannes von zwei Feuerwehrleuten gerettet wurde.

Lösungswort: ABSTURZ!

KV Seite 15

So ist Freundschaft
Ein zentrales Thema der Lektüre ist „Freundschaft". Aber was bedeutet Freundschaft eigentlich? Die Schüler setzten sich mit dieser Frage auseinander. Es gibt bei diesen Aufgaben kein Richtig oder Falsch. Wichtig ist es, den Schülern die Möglichkeit zu geben, ihre Einschätzung zu begründen. Vertiefend erstellen sie zu dem Begriff „Freundschaft" ein Akrostichon: Zu jedem Buchstaben wird ein in diesem Zusammenhang wichtiges Wort gesucht, dass mit dem jeweiligen Buchstaben beginnt. Schwieriger wird es, wenn statt einzelner Wörter ganze Sätze gesucht werden.

Mögliche Lösung
F – freundlich, fröhlich, frech
R – respektvoll, Rat, Rücksicht
E – ehrlich, einverstanden, Einheit
U – Unterhaltung, Umarmung, unerschrocken
N – nett, nachdenklich, Nähe
D – danke, dazugehören, Duett
S – schenken, Spaß, schön
C – Comic lesen, chatten, Clique
H – Humor, helfen, herzlich
A – akzeptieren, Anteilnahme, Aufrichtigkeit
F – freundlich, fair, füreinander da sein
T – teilen, tragen, telefonieren

Das Lager der Vorstadtkrokodile

KV
Seite
16

Die Hütte im Wald ist ein wichtiger Ort für die Krokodiler. Sie wird in der Lektüre beschrieben. Die Schüler sollen die Hütte zeichnen und Bilder passend aufkleben. Genaues und sinnentnehmendes Lesen ist gefragt. Lassen Sie die Schüler ihre Ergebnisse im Stehkreis vorstellen. Obwohl jedes Kind dieselbe Beschreibung gelesen hat, werden die Hütten unterschiedlich aussehen. Was ist bei allen Hütten gleich?

Hannes und Kurt

KV
Seite
17

Die Aufgaben beziehen sich auf die Seiten 27 und 32–38 der Lektüre. Die Fragen zum Text fördern das sinnentnehmende Lesen, das Textverständnis wird abgefragt. Durch die Beantwortung der Fragen in ganzen Sätzen wird das Sprachgefühl trainiert und freies Schreiben geübt. Die Unterschiede im Alltag der beiden Jungen Hannes und Kurt stehen im Mittelpunkt. Kurt besucht eine Förderschule, weil er körperbehindert ist. Stellen Sie diesen Punkt heraus und bieten Sie ihn der Klasse als Gesprächsanlass an. Muss das so sein? Ist das heute noch immer so? Was sind die Vor- und Nachteile für Behinderte und Nichtbehinderte, wenn sie gemeinsam unterrichtet werden? Die Schüler beschaffen sich dazu Informationen, stellen sich diese gegenseitig vor und führen eine Diskussion.

Lösung

1. Kurt ist querschnittsgelähmt. Als er drei Jahre alt war, fiel er die Treppe hinunter.
2. Kurt besucht eine Förderschule für Körperbehinderte.
3. Er kommt am Nachmittag um vier Uhr nach Hause. Er wird mit einem Ford Transit von einem Fahrer gebracht.
4. Kurt hat immer eine Decke um seine Beine gelegt, weil er sie nicht bewegen kann. Sie werden sonst schnell kalt.
5. Die Mutter trägt Kurt in die Wohnung.
6. Kurt robbt über den Fußboden, indem er sich mit beiden Armen vorwärtszieht.
7. Kurt hat ein großes Zimmer mit breitem Fenster. Auf weißen Regalen stehen viele Spielzeugautos und auf dem Fußboden steht eine Garage mit Waschanlage und elektrischem Aufzug.

Hannes lebt mit seinen Eltern in der „Kleinen Schweiz".
<u>Hannes hat einen Zwerghasen. Er heißt Hannibal.</u>
Hannes bekommt viel Taschengeld, da seine Eltern reich sind.
<u>Hannes muss im Garten helfen oder Einkäufe erledigen.</u>
Hannes geht in den Kindergarten.
<u>Hannes' Vater arbeitet als Schleifer in einer Fabrik. Seine Mutter ist Hausfrau.</u>

<u>Das Geld ist knapp und Hannes beneidet die anderen Kinder häufig um die besseren Fahrräder.</u>
<u>Hannes lebt mit seinen Eltern in der Papageiensiedlung.</u>

Kurts Vater arbeitet als Fahrer bei der Müllabfuhr. Die finanzielle Situation der Familie ist besser, jedoch müssen sehr viele Dinge für Kurt bezahlt werden, die nicht von der Krankenkasse übernommen werden. Hannes beneidet Kurt um dessen großes Kinderzimmer und seine Spielzeugautos. Kurt wiederum beneidet Hannes um sein normales Leben. Er geht in eine Regelschule, kann mit den Krokodilern Zeit im Wald verbringen und Fahrrad fahren, er darf ein Haustier halten und kann sich frei bewegen.

Auf Fehlersuche

KV
Seite
18

Die Aufgabe bezieht sich auf die Seiten 32–38 der Lektüre und wird den Schülern großen Spaß machen. Sie werden durch die Fehlersuche zu genauem Lesen angeregt und sind motiviert, alle Fehler zu finden. Weisen Sie darauf hin, dass mit dem falschen Wort manchmal auch der Artikel oder der ganze Ausdruck korrigiert werden muss. Geben Sie lernschwächeren Schülern die Anzahl der Fehler vor. Sie können auch zu zweit zusammenarbeiten.

Lösung

~~Kurt~~ <u>Hannes</u> muss für seine Mutter einkaufen gehen. Hannes' Mutter ist wieder schlecht auf den Beinen wegen ihrer ~~Knie~~ <u>Krampfadern</u>. Vor der Ladentür wartet Kurt ~~mit~~ <u>in</u> seinem ~~Fahrrad~~ <u>Rollstuhl</u>. Kurts Beine sind mit einer Decke umwickelt, obwohl es ~~kalt~~ <u>warm</u> ist. Kurt wohnt in der ~~Goldstraße~~ <u>Silberstraße</u>. Er beobachtet die Krokodiler mit ~~einer Digitalkamera~~ <u>einem Fernglas</u>. Kurts Mutter kommt mit ~~vier~~ <u>zwei</u> prall gefüllten Einkaufstüten aus dem Laden. Hannes läuft in den Laden, um ~~Butter~~ <u>Margarine</u> und ~~Gemüse~~ <u>Obst</u> einzukaufen. Kurt und ~~sein Vater~~ <u>seine Mutter</u> warten vor dem Laden auf ihn. Hannes läuft neben dem Rollstuhl her, bis sie bei ~~Olaf~~ <u>Kurt</u> zu Hause angekommen sind. Vor dem Haus hilft Hannes mit, den Rollstuhl über die ~~Kante~~ <u>Rampe</u> in den Hausflur zu schieben. Kurts ~~Nachbar~~ <u>Mutter</u> trägt ihn in die Wohnung. Kurt ~~schlängelt sich~~ <u>robbt</u> auf dem Fußboden. Er hat ein ~~kleines~~ <u>großes</u> Zimmer mit einem Fenster, von dem aus man ein Stück der ~~Kirche~~ <u>Ziegelei</u> sieht. Im Zimmer gibt es eine Unmenge von ~~Barbiepuppen~~ <u>Spielzeugautos</u>. Kurts Vater ist Fahrer ~~des Bürgermeisters~~ <u>bei der Müllabfuhr</u> und Hannes' Vater ist Schleifer in der ~~Fahrradfabrik~~ <u>Maschinenfabrik</u>. Hannes muss nach Hause, weil ihn sonst seine Mutter ~~als vermisst meldet~~ <u>sucht</u>.

Das neue Bandenmitglied

Hannes setzt sich für Kurts Aufnahme in die Bande der Krokodiler ein. Eine Diskussion entwickelt sich. Die Aufgaben auf der Kopiervorlage leiten die Schüler dazu an, sowohl die eine wie auch die andere Meinung zu vertreten. Dadurch setzen sie sich intensiv mit der Situation auseinander und können beide Parteien verstehen. Lernschwächeren Schülern hilft eine Kopie der entsprechenden Textstelle, in der sie die Aussagen unterstreichen können.

Vertiefend können die Schüler auch über dieses Thema diskutieren. Teilen Sie dafür die Klasse in eine Pro- und eine Kontra-Gruppe ein. Als Grundlage dienen die gesammelten Ideen. Wie entscheidet die Gruppe schließlich und warum?

Mögliche Lösung

PRO – Gründe für die Aufnahme von Kurt	KONTRA – Gründe gegen die Aufnahme von Kurt
• Kurt kann sich auch allein bewegen. • Er hat genauso viel im Kopf wie alle anderen. • Kurt kann uns sagen, wie alles gemacht werden muss. • Kurt kann mithelfen. • Wir sind genügend Personen, um ihm zu helfen. • Kurt sitzt sonst immer allein zu Hause.	• Kurt muss dauernd gefahren werden. • Man kann nicht mehr mit dem Fahrrad fahren. • Wir müssen immer Rücksicht nehmen. • Wir kennen uns nicht aus. • Wir sind viel langsamer mit ihm. • Wenn etwas passiert, bekommen wir Ärger.

Kurt ist ein Krüppel – oder nicht?

Diese Seite regt dazu an, sich intensiver mit dem Thema „Behinderung" auseinanderzusetzen. Sammeln Sie zunächst an der Tafel, was die Schüler bereits über Behinderte wissen oder zu wissen glauben. Lesen Sie anschließend gemeinsam den Text. Welche Aussagen von der Tafel stimmen damit überein?

Oft ist man Behinderten gegenüber unsicher. Man weiß nicht, wie man sich verhalten soll, und will vor allem nichts falsch machen. Geben Sie den Schülern die Möglichkeit, über ihre Gedanken und Gefühle zu sprechen. Mehr Informationen und dadurch weniger Befangenheit sind gute Voraussetzungen für einen besseren Umgang mit behinderten Menschen. Dieses Thema wird auf der Kopiervorlage von Seite 21 vertieft.

Mögliche Lösung

Was ist eine Behinderung? Eine Behinderung bezeichnet die Beeinträchtigung …

Arten von Behinderungen: Es gibt verschiedene …

Ursachen für Behinderungen: Die Ursachen für …

Umgang mit behinderten Menschen: Leider sind viele Menschen …

Anzahl behinderter Personen: Eine hohe Zahl …

Umgang mit behinderten Menschen

„Behindert ist man nicht – behindert wird man." Dieser Spruch weist darauf hin, dass man auch mit gut gemeinter Hilfe Fehler machen kann. Um diese zu vermeiden, sollte man sich an wenigen, dafür aber wichtigen Regeln orientieren. Das oberste Gebot lautet: Hilf nie, ohne vorher zu fragen. Je nach Behinderung können die Personen oftmals viel mehr, als man glaubt. Außerdem sollte man blinden Aktionismus vermeiden und stattdessen fragen, wie man helfen soll. Die behinderte Person sagt einem gewöhnlich sehr genau, was hilfreich ist. Man sollte sich immer vor Augen führen, dass die meisten behinderten Menschen versuchen, möglichst selbstständig zu leben, und darauf auch großen Wert legen. Jede ungewollte Unterstützung gleicht einem Eingriff in ihre Privatsphäre.

Lösung

1. Hilf nie, ohne vorher zu fragen.
2. Frage, wie du helfen kannst.
3. Versuche, möglichst unauffällig und ohne großes Aufheben zu helfen.
4. Behinderte Personen können vieles selbst und brauchen nicht für alles deine Hilfe.
5. Wenn du deine Hilfe anbietest, solltest du dich ganz natürlich verhalten.
6. Behinderte Personen teilen dir mit, wenn sie keine Hilfe brauchen.

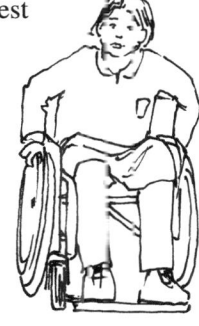

Fremde Welten – immer fremd?

Auch das Thema „Ausländerfeindlichkeit" spielt in der Lektüre eine Rolle. Auf den Seiten 42 – 46 werden die Ansichten der Krokodiler und ihrer Familien dargestellt. Anhand der vorliegenden Kopiervorlage beschäftigen sich die Schüler mit dem Thema. Wo haben wir in unserem Alltag mit Ausländern oder dem Ausland zu tun? Viele Assoziationen werden geweckt. Teilen Sie die Klasse in Gruppen ein, die sich vertiefend mit einem Punkt der Mindmap beschäftigen und dazu recherchieren. Sie sammeln Informationen und stellen am Ende ihre Ergebnisse anhand eines Plakates vor. Hilfreiche Stichworte sind: beliebte Reiseziele der Deutschen, Restaurantvielfalt in Deutschland, Spitzensportler in verschiedenen Sportarten, aktuelle Nachrichten zur Flüchtlingssituation in Deutschland/in der Welt, Produktionsländer der Bekleidungsindustrie, Ausländeranteil im eigenen Ort usw.

Wie stehen die Schüler zu den in der Lektüre gemachten Aussagen über Ausländer? Leiten Sie eine kritische Diskussion an. Der Spruch auf der Kopiervorlage kann hierzu herangezogen werden.

Mögliche Lösung

Urlaub: z. B. Deutschland, Türkei, Spanien, Ägypten, Griechenland, Italien, Österreich

Restaurants: Rangliste in Deutschland: Deutsche Küche 80 %, Italienische Küche 73 %, Griechische Küche 58 %, Chinesische Küche 54 %, Spanische Küche 34 %, Französische Küche 33 %, Thailändische Küche 28 %, Türkische Küche 28 %, Mexikanische Küche 27 %, Indische Küche 23 % (Quelle: Apollinaris Geschmacksstudie 2008)

Sport: Usain Bolt (Jamaika, Sprinter, mehrfacher Olympiasieger, Weltrekordhalter im 100- und 200-Meter-Lauf), Robert Lewandowski (Polen, Weltfußballer des Jahres 2020), Lewis Hamilton (Großbritannien, Formel-1-Rennfahrer, Weltmeister 2020)

Flüchtlinge: Asylanträge 2019: 165 938, zugangsstärkstes Herkunftsland 2019: Syrien (Quelle: Bundesamt für Migration und Flüchtlinge, *https://www.bamf.de*)

Kleidung: Indien, Bangladesch, China, Pakistan, Indonesien, Vietnam. Der Verweis auf das Herkunftsland auf dem Etikett ist freiwillig (mehr Infos unter *https://sauberekleidung.de*).

Weitere Punkte der Mindmap können z. B. Musik, Film oder Nachrichten sein.

Kreativ aktiv

Ein Stegreiftheater durchführen

Führen Sie zu der Textstelle mit der Mutprobe ein Stegreiftheater mit der Klasse durch. Das ermöglicht es den Kindern, sich in die Situation der Krokodiler hineinzuversetzen und ihre eigenen Ideen einzubringen. Warum sind die Krokodiler abgehauen? Was hätten sie stattdessen tun können? Die Kommunikationsfähigkeit und Spontanität wird trainiert. Folgende Ausgangssituationen sind an dieser Stelle denkbar:

- Hannes droht abzustürzen. Die Krokodiler überlegen, was nun zu tun ist.
- Hannes ist am Ende seiner Kräfte und erreicht den Dachfirst nicht. Er hat die Mutprobe nicht bestanden. Was nun? Wird er trotzdem in die Gruppe aufgenommen?

Das Stegreifspiel kann ohne größere Vorbereitungen zu verschiedenen Schlüsselsituationen der Lektüre durchgeführt werden. Die Schüler erhalten dadurch die Möglichkeit, sich intensiv mit einer Situation auseinanderzusetzen und dabei eigene Lösungsmöglichkeiten sowie eigene Ansichten einzubringen.

Die Hütte im Wald gestalten

Lassen Sie die Schüler ein Modell der Hütte bauen. Teilen Sie die Klasse dazu in Viergruppen ein. Ihre Zeichnungen dienen den Schülern als Bauplan. Als Baumaterial bieten sich neben Karton Naturmaterialien, Stoffreste und Papier an. Die Kinder können vorab selbst Material sammeln und es mit in die Schule bringen. Am besten verwenden sie als Unterlage einen stabilen Karton oder ein dünnes Holzbrett.

Behinderungen nachspüren

Geben Sie den Schülern die Möglichkeit, sich in die Situation behinderter Menschen hineinzuversetzen. Jeweils zwei Kinder bilden ein Paar. Ein Kind verbindet sich die Augen und wird von dem anderen Kind begleitet. Das „blinde" Kind erhält von seinem Partner einen Auftrag, z. B. „Geh vor die Tür und zieh deine Jacke an." Das sehende Kind passt auf, hilft und korrigiert gegebenenfalls durch entsprechende Bemerkungen, z. B. „Nein, das ist nicht die richtige Jacke." Anschließend wird gewechselt. Grenzen Sie den Aktionskreis gegebenenfalls ein. Ein „Blindenstock", z. B. ein Wanderstock, unterstützt die Kinder.

Mit Ohrstöpseln können die Kinder nachvollziehen, wie es ist, gehörlos zu sein. Teilen Sie jedem Kind ein eigenes Paar aus. Wieder zu zweit verbringen die Kinder gemeinsam eine Pause. Das hörende Kind ist dabei für das „gehörlose" Kind verantwortlich und hilft ihm (Spiel erklären, Ende der Pause anzeigen usw.).

Durch das Ausschalten einzelner Sinne können die Kinder erfahren, wie selbstverständlich wir uns auf alle unsere Sinne verlassen, und wie mühsam es ist, plötzlich auf einen bestimmten Sinn verzichten zu müssen. Lassen Sie die Kinder ihre Erfahrungen zuerst aufschreiben. Besprechen Sie diese anschließend im Klassenverband. Den Kindern soll klar werden, welche große Leistung behinderte Menschen jeden Tag ihres Lebens vollbringen und wie hilfreich ein aufmerksames Verhalten der sehenden und hörenden Mitmenschen für sie sein kann. Gleichzeitig kann deutlich werden, wie durch das Wegfallen eines Sinnes – z. B. des Sehens – andere Sinne geschärft werden (vgl. auch die Kopiervorlage von Seite 33).

Behindert im Alltag – woran liegt's?

Über einen gewissen Zeitraum achten die Schüler in ihrer Umgebung auf Einschränkungen für Menschen mit Behinderungen. Teilen Sie die Klasse dafür in Gruppen ein. Jede Gruppe konzentriert sich auf eine Art der Behinderung (blind, gehörlos, gehbehindert, sprachbehindert). Sind Geschäfte, Supermärkte, öffentliche Einrichtungen barrierefrei? Sind behinderte Personen im Straßenverkehr berücksichtigt? Hängen Sie im Klassenzimmer vier Plakate auf. Die Schüler tragen hier ihre Beobachtungen ein. So werden ständig Einträge ergänzt und das Plakat kann anschließend als Gesprächsgrundlage dienen. Welche Verbesserungsvorschläge können die Schüler machen? Möchten sie diese den entsprechenden Personen, Geschäften, Supermärkten oder Einrichtungen in Briefen mitteilen?

Eine Behinderteneinrichtung besuchen

Denkbar ist auch der Besuch einer Behinderteneinrichtung. Dies erfordert Vorarbeit und auch eine vertiefte Einarbeitung der Klasse in dieses Thema. Wertvolle Begegnungen und dauerhafte Kontakte können entstehen.

Die Mutprobe

Die Krokodiler treffen sich zur Mutprobe an der alten Ziegelei.

 Lies die Textabschnitte.

 Schneide die Textstreifen aus und bringe sie in die richtige Reihenfolge. Klebe sie anschließend auf ein Blatt. Schreibe das Lösungswort auf.

✂

T	Das Hinaufklettern war für Hannes bedeutend leichter gewesen als das Hinunterklettern, da er nun nicht mehr sehen konnte, wohin er trat.
B	Die Jungen fuhren davon und zunächst folgte Maria ihnen. Dann kehrte sie jedoch um und fuhr zu einer Telefonzelle an der Hauptstraße. Von dort rief sie die Feuerwehr an.
Z	Immer höher und höher kletterte Hannes die wacklige Leiter hinauf. Je höher er kam, desto mehr schwankte sie.
S	Langsam rutschte Hannes auf dem Bauch abwärts. Als er sich nirgendwo festhalten konnte, schrie er so laut er konnte um Hilfe.
A	Aus einem Versteck heraus beobachtete Maria, wie Hannes von zwei Feuerwehrleuten gerettet wurde.
!	Die acht Krokodiler sahen gespannt zu, wie Hannes die zehn Meter hohe Leiter hinaufstieg. Das war Teil der Mutprobe, die man ablegen musste, um zur Gruppe der Krokodiler zu gehören.
R	Hannes hatte den ersten Teil der Mutprobe geschafft. Der zweite Teil bestand nun darin, von der Leiter auf das Dach zu klettern, beide Arme zu heben und laut „Krokodil" zu rufen.
U	Hannes ruhte sich ein paar Minuten aus. Dann setzte er sich vorsichtig auf, hob beide Arme und rief: „Krokodil! Krokodil! Ich hab es geschafft!"

So ist Freundschaft

Die Krokodiler sind befreundet. Doch was bedeutet Freundschaft eigentlich?

✏️➤ Lies die Sätze und kreuze an, welche Aussage für dich zutrifft.

☐ Freundschaft bedeutet, füreinander da zu sein.

☐ Freundschaft bedeutet, auch mal zu streiten.

☐ Freundschaft bedeutet, Zeit miteinander zu verbringen.

☐ Freundschaft bedeutet, sich alles zu erzählen.

☐ Freundschaft bedeutet, sich immer die Wahrheit zu sagen.

☐ Freundschaft bedeutet, dem anderen immer zu helfen.

☐ Freundschaft bedeutet, für den anderen zu lügen.

☐ Freundschaft bedeutet, sich Geheimnisse anzuvertrauen.

☐ Freundschaft bedeutet, mit keinem anderen zusammen zu sein.

☐ Freundschaft bedeutet, immer mit dem anderen zu teilen.

✏️➤ Schreibe ein Akrostichon zu „Freundschaft". Schreibe zu jedem Buchstaben einer wichtigen Begriff.

F
R
E
U
N
D
S
C
H
A
F
T

Das Lager der Vorstadtkrokodile

 Lies die Beschreibung der Hütte. Wie stellst du sie dir vor?

„Ihre Hütte war gut eingerichtet, von der Sperrmüllabfuhr hatten sie sich alte Stühle besorgt und einen Tisch, und wenn sie irgendwo weggeworfenes Werkzeug entdeckten, nahmen sie es mit. Der Boden der Hütte war mit Moos ausgelegt, sogar einen alten, fast schon blinden Spiegel hatten sie sich an den Stamm der Buche gehängt, um den die Hütte herumgebaut war."

 Zeichne die Hütte. Schneide die Bilder unten aus und klebe sie passend in dein Bild.

✂

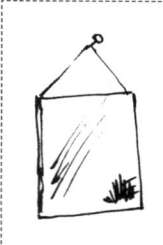 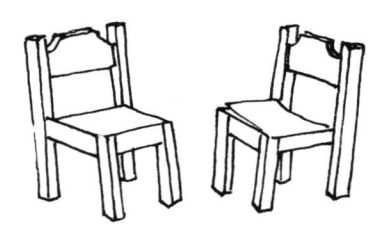 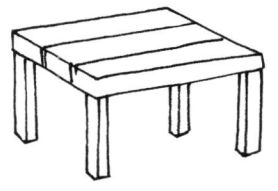 

Hannes und Kurt

Hannes besucht Kurt zum ersten Mal. Bei Kurt ist einiges anders.

 Lies die Fragen. Beantworte sie mithilfe der Seiten 27 und 32–38 in ganzen Sätzen. Schreibe auf ein Blatt.

1. Warum sitzt Kurt im Rollstuhl?
2. Welche Art von Schule besucht Kurt und warum?
3. Wann kommt Kurt nach der Schule nach Hause und wie?
4. Warum sind Kurts Beine immer mit einer Decke umwickelt?
5. Wie gelangt er in die Wohnung?
6. Wie bewegt Kurt sich in der Wohnung fort?
7. Wie sieht sein Zimmer aus?

 Du hast nun einiges über Kurt und seine Lebensumstände erfahren. Wie ist Hannes' Alltag? Male die richtigen Aussagen an.

Hannes lebt mit seinen Eltern in der „Kleinen Schweiz".

Hannes hat einen Zwerghasen. Er heißt Hannibal.

Hannes bekommt viel Taschengeld, da seine Eltern reich sind.

Hannes muss im Garten helfen oder Einkäufe erledigen.

Hannes geht in den Kindergarten.

Hannes' Vater arbeitet als Schleifer in einer Fabrik. Seine Mutter ist Hausfrau.

Das Geld ist knapp und Hannes beneidet die anderen Kinder häufig um die besseren Fahrräder.

Hannes lebt mit seinen Eltern in der Papageiensiedlung.

 Vergleiche die Lebensumstände der beiden Jungen miteinander. Was fällt dir auf? Schreibe auf ein Blatt.

Auf Fehlersuche

 Wie verläuft Hannes' zweite Begegnung mit Kurt? In den Text haben sich einige Fehler eingeschlichen. Streiche sie durch und schreibe die richtigen Wörter darüber.

Lies auf den Seiten 32 – 38 nach.

Hannes
~~Kurt~~ muss für seine Mutter einkaufen gehen. Hannes' Mutter ist wieder schlecht auf

den Beinen wegen ihrer Knie. Vor der Ladentür wartet Kurt mit seinem Fahrrad. Kurts

Beine sind mit einer Decke umwickelt, obwohl es kalt ist. Kurt wohnt in der Goldstraße.

Er beobachtet die Krokodiler mit einer Digitalkamera. Kurts Mutter kommt mit vier

prall gefüllten Einkaufstüten aus dem Laden. Hannes läuft in den Laden, um Butter

und Gemüse einzukaufen. Kurt und sein Vater warten vor dem Laden auf ihn. Hannes

läuft neben dem Rollstuhl her, bis sie bei Olaf zu Hause angekommen sind. Vor dem

Haus hilft Hannes mit, den Rollstuhl über die Kante in den Hausflur zu schieben.

Kurts Nachbar trägt Kurt in die Wohnung. Kurt schlängelt sich auf dem Fußboden.

Er hat ein kleines Zimmer mit einem Fenster, von dem aus man ein Stück der Kirche

sieht. Im Zimmer gibt es eine Unmenge von Barbiepuppen. Kurts Vater ist Fahrer des

Bürgermeisters und Hannes' Vater ist Schleifer in der Fahrrad-

fabrik. Hannes muss nach Hause, weil ihn sonst seine Mutter

als vermisst meldet.

Das neue Bandenmitglied

Hannes hat Kurt versprochen, dass er Mitglied der Krokodiler werden darf.
Die Krokodiler sind aber dagegen.

Die Seiten 38–41 helfen dir

 Welche Gründe nennen die Krokodiler für und gegen die Aufnahme von Kurt? Schneide
die Kärtchen unten aus und klebe sie in die Tabelle.

Was denkst du? Finde weitere Argumente und schreibe in die Tabelle.

PRO – Gründe für die Aufnahme von Kurt	KONTRA – Gründe gegen die Aufnahme von Kurt

✂

Kurt kann sich auch allein bewegen.

Kurt muss dauernd gefahren werden.

Er hat genauso viel im Kopf wie alle anderen.

Man kann nicht mehr mit dem Fahrrad fahren.

Wir müssen immer Rücksicht nehmen.

Wir kennen uns nicht aus.

Kurt kann uns sagen, wie alles gemacht werden muss.

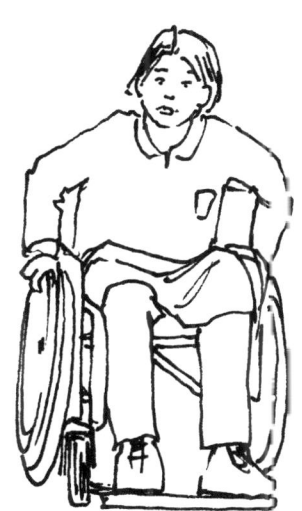

Kurt ist ein Krüppel – oder nicht?

 Lies die Informationstexte über Behinderungen.

Eine Behinderung bezeichnet die Beeinträchtigung eines Menschen infolge einer Schädigung seiner körperlichen, seelischen oder geistigen Funktion. Sie ist meist langfristig. Sie hindert den Menschen daran, am gesellschaftlichen Leben problemlos teilzunehmen. Beeinträchtigungen entstehen also auch durch räumliche Barrieren im Alltag. Ebenso kann das Fehlverhalten der Mitmenschen die Situation einer behinderten Person verschärfen.

Es gibt verschiedene Arten von Behinderung. Neben körperlicher Behinderung gibt es Sinnesbehinderungen (Hörschädigung, Sehschädigung), Sprachbehinderungen, geistige Behinderungen sowie psychische Behinderungen und Lernbehinderungen.

Die Ursachen für Behinderungen werden folgendermaßen unterschieden: Es gibt erworbene Behinderungen, die während der Geburt, durch Krankheiten, Unfälle oder durch Alterungsprozesse entstehen können. Daneben gibt es angeborene Behinderungen, die vor der Geburt oder durch Vererbung entstehen können.

Leider sind viele Menschen im Umgang mit Behinderungen unsicher oder unsensibel. Behinderte Menschen wollen in der Regel, dass man ganz normal mit ihnen umgeht. Sie sind dankbar, wenn man ihnen Mitleidsäußerungen erspart und stattdessen Hilfe anbietet, ohne sich aber aufzudrängen. Bezeichnungen wie „Krüppel" oder „Spasti" sind Schimpfwörter, verletzend und deshalb tabu.

Eine hohe Zahl von Menschen mit Behinderungen ist nicht erfasst. Man geht davon aus, dass rund 10 % der Gesamtbevölkerung in Deutschland mit einer Behinderung leben.

 Finde zu jedem Text eine passende Überschrift.

 Kennst du eine Person mit einer Behinderung? Erzähle deinen Klassenkameraden.

Umgang mit behinderten Menschen

 Lies die kurzen Berichte. Sprich mit deinen Klassenkameraden darüber.

Im Supermarkt wollte ich eine Dose Erbsen aus dem Regal nehmen. Sie stand jedoch zu hoch und ich kam nicht dran. Eine Kundin hat das gesehen und mich gefragt, ob sie mir helfen kann und mir etwas aus dem Regal geben soll. Das war sehr hilfreich und ich ließ mir gerne helfen.

Alexander, Rollstuhlfahrer

Als ich abends einmal an der Kinokasse stand, kamen plötzlich zwei Angestellte und schoben mich ungefragt direkt in den Kinosaal. Sie ließen alle Leute beiseitetreten und machten ein großes Aufheben. Das war mir sehr unangenehm und hat mich geärgert.

Saskia, Rollstuhlfahrerin

Vor einiger Zeit war ich im Einkaufscenter. Ich stand vor dem Aufzug, um in den nächsten Stock zu gelangen. Eine junge Frau fragte mich, ob sie mich in den Aufzug schieben oder das Stockwerk für mich drücken soll. Ich lehnte dankend ab, weil ich dafür keine Hilfe brauche.

Timo, Rollstuhlfahrer

 Den richtigen Umgang mit behinderten Personen kann man lernen. Man sollte dabei einige Regeln beachten. Kreuze an, wie man sich richtig verhält.

1. Hilf nie, …
- [ ] ohne vorher zu fragen.
- [ ] wenn die Person älter ist als du.

2. Frage, …
- [ ] warum die Person das nicht selbst kann.
- [ ] wie du helfen kannst.

3. Versuche, …
- [ ] möglichst viele Menschen auf die behinderte Person aufmerksam zu machen.
- [ ] möglichst unauffällig und ohne großes Aufheben zu helfen.

4. Behinderte Personen …
- [ ] können vieles selbst und brauchen nicht für alles deine Hilfe.
- [ ] können nichts allein.

5. Wenn du deine Hilfe anbietest, …
- [ ] solltest du dich ganz natürlich verhalten.
- [ ] solltest du mitleidsvoll sein.

6. Behinderte Personen …
- [ ] müssen deine Hilfe immer annehmen.
- [ ] teilen dir mit, wenn sie keine Hilfe brauchen.

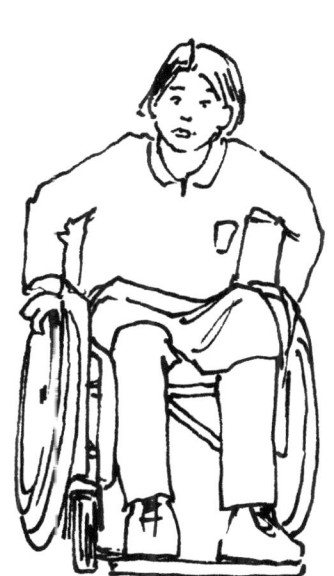

Fremde Welten – immer fremd?

✏️ Ergänze die Mindmap.

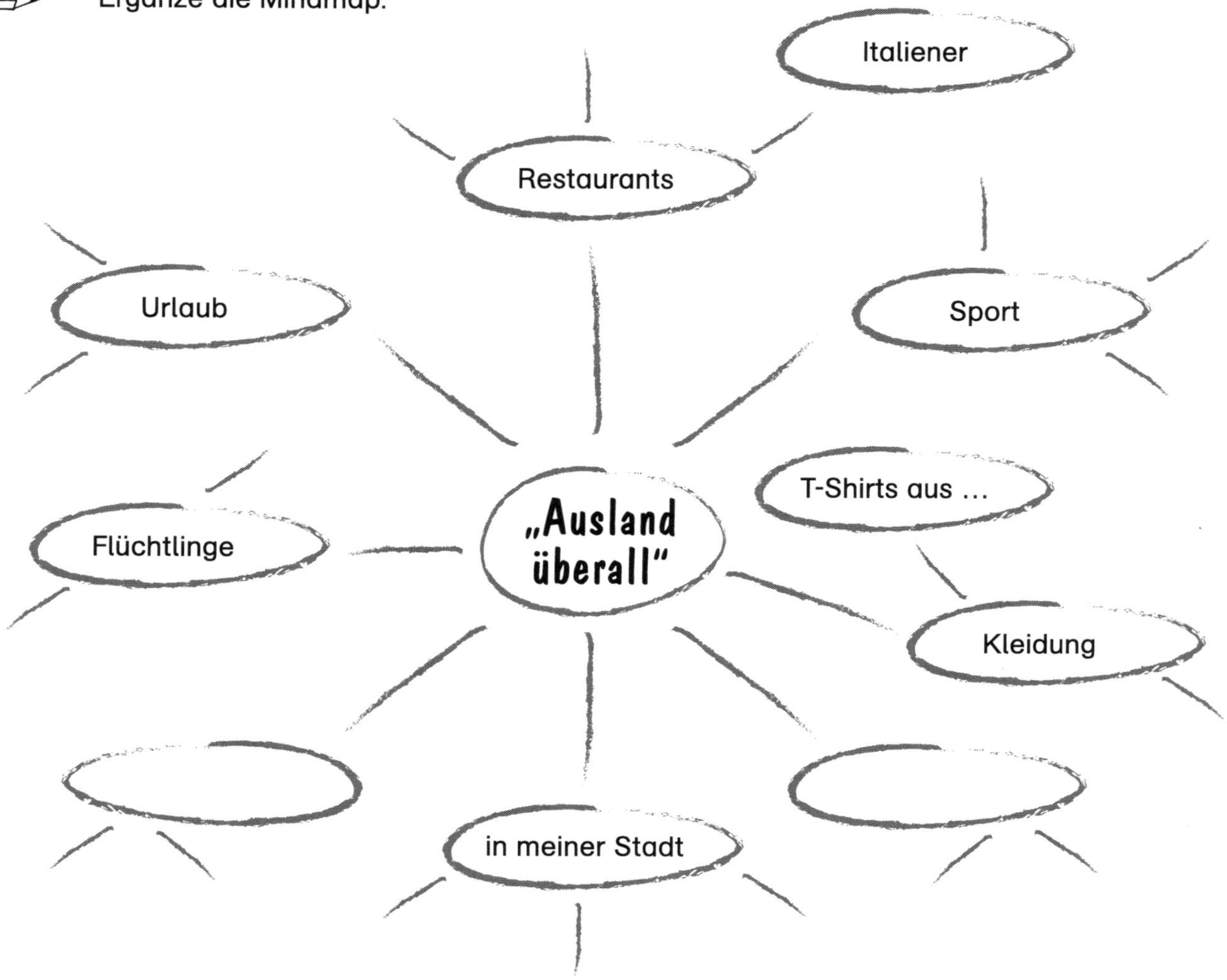

- Italiener
- Restaurants
- Urlaub
- Sport
- „Ausland überall"
- T-Shirts aus …
- Flüchtlinge
- Kleidung
- in meiner Stadt

 „Jeder Mensch ist Ausländer, fast überall." Diskutiere mit deinen Klassenkameraden über diesen Satz.

 Frank verjagt die Italienerkinder. Lies den Auszug aus der Lektüre (Seite 44–46). Wie stehst du zu seinem Verhalten? Begründe.

Frank sagte wie zur Entschuldigung:
„Was haben die eigentlich hier im Wald verloren, sollen doch in ihrem Viertel bleiben."
„Ist es dein Wald?", fragte Maria.
„Wir spielen ja auch nicht im Italiener-viertel", erwiderte Frank.

_____

_____

_____

_____

_____

Inhalt

In der Gegend, in der die Krokodiler wohnen, wurde in der letzten Zeit immer wieder eingebrochen. Die Krokodiler und deren Familien sprechen über die Diebstähle. Viele machen die Ausländer verantwortlich. Für Hinweise zu den Einbrüchen ist jetzt eine Belohnung ausgesetzt.

Kurt erzählt Hannes von seiner nächtlichen Entdeckung: Die Einbrecher sind drei Mopedfahrer. Hannes berichtet Olaf und Maria davon, doch noch immer wollen sie Kurt nicht in die Bande aufnehmen. Hannes fährt enttäuscht nach Hause, denn er hatte Kurt versprochen, dass er mit zur Hütte in der „Kleinen Schweiz" darf.

Die Hütte der Krokodiler im Wald wurde zerstört. Manche machen die Italienerkinder dafür verantwortlich. Hannes erzählt den anderen, was er von Kurt erfahren hat. Die Bande beginnt, sich auf dem Gelände der alten Ziegelei eine neue Hütte zu bauen. Olaf und Hannes beschließen, Kurt am nächsten Tag ohne Einwilligung der anderen zum Treffen der Krokodiler mitzubringen. Am nächsten Nachmittag wird Kurt von den Krokodilern zu Hause abgeholt. Sie nehmen ihn mit zur alten Ziegelei. Durch Zufall entdeckt er dort das Warenlager der Einbrecher. Die Krokodiler beschließen, es zu beobachten.

Unterrichtsschwerpunkte

- Einen Zeitungsbericht verfassen
- Wortschatz- und Wörterbucharbeit
- Inhalte der Lektüre plastisch umsetzen
- Kindheit früher und heute

Zu den Kopiervorlagen

KV Seite 26 **Einbrecher gesucht!**
Auf den Seiten 48–51 des Buches werden Kurts Beobachtungen zu den Einbrüchen beschrieben. Anhand der Kopiervorlage sollen die Schüler einen Zeitungsartikel dazu schreiben. Dadurch wird das genaue, sinnentnehmende Lesen gefördert. Zusätzlich wird das Verfassen eines Berichts geübt. Wiederholen Sie gegebenenfalls vorab die wichtigsten Punkte eines Berichts: Präteritum, knappe und genaue Sprache, keine ausschmückenden Adjektive, keine wörtliche Rede, die W-Fragen beantworten. Die Stichpunkte helfen den Schülern beim Vorbereiten des Berichts. Fehlende Informationen werden beim anschließenden Schreiben ergänzt.

Weiterführend können die Schüler ein Interview vorbereiten, in dem sie zu den Ereignissen befragt werden. Welche Fragen stellt der Moderator? Die Schüler arbeiten zu dritt zusammen. Wichtig ist, dass sie auch die Antworten vorab notieren. Das Interview sollte mit der Begrüßung höchstens drei Minuten dauern. Die Interviews werden im Anschluss im Klassenverband vorgespielt.

Mögliche Lösung
Vor 14 Tagen fand ein Einbruch im COOP in der Papageiensiedlung statt. Drei junge Männer wurden nachts beobachtet, wie sie sich mit ihren Mopeds dem Supermarkt näherten. Ein Moped war rot, eines war grün. Über das dritte konnten keine Angaben gemacht werden. Hinter dem Sitz des grünen Mopeds befand sich ein hoher Bügel. Daran waren bunte Bänder befestigt. Alle drei Einbrecher trugen rote Helme mit Streifen in der Mitte. Aus diesem Grund waren ihre Gesichter nicht zu erkennen. Die Täter drangen in den Supermarkt ein und entwendeten alkoholische Getränke. Schließlich entfernten sie sich vom Tatort. Die Polizei konnte am nächsten Tag Fingerabdrücke nehmen. Von den Einbrechern fehlt weiterhin jede Spur.

KV Seite 27 **Kurt ist dabei**
Kurt ist zum ersten Mal mit den Krokodilern unterwegs. Das ist für alle aufregend. Die Schüler beschäftigen sich mit dieser wichtigen Szene des Buches, indem sie versuchen, die Gedanken der einzelnen Krokodiler nachzuvollziehen. Im anschließenden Gespräch stellen die Kinder in Kleingruppen den Sinneswandel der Bandenmitglieder heraus.

Mögliche Lösung
Maria: Ich finde es gut, dass Kurt mitkommt. Hoffentlich machen wir alles richtig.
Theo: Die Autofahrer sind einfach rücksichtslos. Irgendjemand muss doch mal anhalten.
Otto: Kein Problem für mich, die Maschen zu zerzwicken. Wir müssen ja irgendwie reinkommen.
Olaf: Jetzt muss ich ihm tatsächlich helfen, damit er pinkeln kann. Genau davor habe ich gewarnt.
Kurt: Oh nein, ich kann nicht bremsen! Ich kann nicht sehen, wohin es geht.

KV Seite 28 **Ziegelei im Schuhkarton**
Die Ziegelei ist Hauptschauplatz der Geschehnisse um die Vorstadtkrokodile. Mit der Gestaltung einer Ziegelei im Schuhkarton erstellt jeder Schüler sein eigenes Ziegeleigelände. Natürlich sollen sich die Kinder dabei an den Angaben im Buch orientieren. Genaues Lesen ist gefragt. Lassen Sie das benötigte Material wie Kartons, Schachteln, Stoffreste, Naturmaterialien o. Ä. von den Schülern sammeln und vorab mitbringen.

Szenen im Buch, die in der Ziegelei spielen, können anschließend in den Schuhschachteln nachgestellt werden. Dafür werden die Figuren aufgemalt, ausgeschnitten und in die Schachtel geklebt. Wenn das untere Ende des Papiers vor dem Aufkleben eingeschnitten und nach links und rechts geklappt wird, „steht" die Figur. Geeignete Szenen sind z. B. die Mutprobe, Kurts erster Besuch auf dem Gelände oder die Sprengung des Kamins.

KV Seite 29 — Kurts Tag

Indem die Schüler sich intensiver mit Kurts Tagesablauf beschäftigen, erkennen sie, dass dieser sich im Laufe der Geschichte verändert. Mit der Aufnahme bei den Krokodilern sitzt Kurt endlich nicht mehr so oft allein zu Hause, sondern hat Freunde, die ihn abholen. Er nimmt am Leben der nicht behinderten Kinder teil.

Wie gestaltet sich der Tagesablauf Ihrer Schüler? Lassen Sie einen Tagesplan oder sogar einen Plan für die Aktivitäten der ganzen Woche erstellen. Woran könnte Kurt auch teilnehmen, woran nicht? Besprechen Sie die Ergebnisse im Klassenverband. Die Kinder werden feststellen, dass es als Rollstuhlfahrer nicht möglich wäre, an allen ihren Aktivitäten teilzunehmen. Sie werden für die Einschränkungen für Menschen mit Behinderungen sensibilisiert.

Lösung

Kurts Tagesablauf vorher	Kurts Tagesablauf als Krokodiler
wird um halb acht abgeholt und geht zur Schule	wird um halb acht abgeholt und geht zur Schule
kommt um vier Uhr aus der Schule nach Hause	kommt um vier Uhr aus der Schule nach Hause
~~wird von den Krokodilern abgeholt~~	wird von den Krokodilern abgeholt
~~ist mit den Krokodilern unterwegs~~	ist mit den Krokodilern unterwegs
~~erlebt Abenteuer mit den Krokodilern~~	erlebt Abenteuer mit den Krokodilern
~~wird von Maria und Hannes nach Hause gebracht~~	wird von Maria und Hannes nach Hause gebracht
spielt allein in seinem Zimmer	spielt allein in seinem Zimmer
~~Hannes kommt zum Spielen zu ihm~~	Hannes kommt zum Spielen zu ihm

beobachtet die Gegend mit seinem Fernglas	beobachtet die Gegend mit seinem Fernglas
malt Bilder	malt Bilder
hat fast nur mit Erwachsenen zu tun	~~hat fast nur mit Erwachsenen zu tun~~

KV Seite 30 — Das Warenlager

Indem die Schüler das Kreuzworträtsel lösen, vollziehen sie den Inhalt der Seiten 72–81 nach. Die Arbeitsform des Kreuzworträtsels motiviert sie hierbei besonders. Das Lösungswort dient als Selbstkontrolle, sodass die Aufgabe selbstständig von den Kindern bearbeitet werden kann.

Lösung

Wer entdeckt das Warenlager durch Zufall? K^1 U^2 R^3 T^4

Kreativ aktiv

Schlag nach!

In der Lektüre kommen einige heute kaum noch gebräuchliche Wörter vor: Gastarbeiter, Invalide, Kofferradio, Krüppel, Moped, Trockenhalle, Ziegelei. Lassen Sie die Schüler diese nachschlagen. Stellen Sie dafür ausreichend Lexika bereit. Überprüfen Sie vorher, ob die Wörter darin auch vorkommen. Die Kinder notieren jeweils eine Erklärung mit ihren eigenen Worten. Die entstandenen Seiten können ausgeschnitten und zum Krokodiler-Handbuch geheftet werden. Weitere unbekannte Begriffe können von den Schülern nachgeschlagen und aufgeschrieben werden.

Rund um die Papageiensiedlung

Begleitend zur Lektüre versuchen die Kinder, die einzelnen Schauplätze der Handlung in einer Karte zusammenzufassen. Die Schwierigkeit besteht darin, dass diese Orte zum Teil nicht eindeutig zuordenbar sind. Die Schüler versuchen, eine möglichst stimmige Darstellung zu finden. Machen Sie ihnen bewusst, welche Strecken die Krokodiler zum Teil zwischen den verschiedenen Orten zurücklegen.

Ein Platz für die Krokodiler

Die Vorstadtkrokodile suchen einen Platz, an dem sie sich aufhalten können. Die Schüler entwerfen einen Abenteuerspielplatz für die Krokodiler. Fantasie ist gefragt! Die Ideen dürfen verrückt und ausgefallen, sollten aber umsetzbar sein. Die Schüler fertigen in Gruppen eine Skizze an und beschriften diese anschließend. Der Spielplatz kann aus verschiedenen Materialien nachgebaut werden.

Diese Idee kann auf den eigenen Schulhof übertragen werden. Die Schüler überlegen sich Möglichkeiten zur Gestaltung ihres Traum-Schulhofs. Sie fertigen wiederum Skizzen und konkrete Nachbauten an. Vielleicht besteht die Möglichkeit, diese im Schulflur auszustellen oder sogar der Schulleitung vorzustellen?

Kindheit früher – heute

Regen Sie einen Vergleich der Lebensbedingungen und der Tagesabläufe von Kindern früher und heute an: Hatten die Krokodiler mehr oder weniger Freizeit als die Schüler heute? Was haben sie in dieser Zeit alles unternommen? Waren sie mehr oder weniger draußen unterwegs als die Kinder heute? Welche Rolle spielten damals die Eltern bei der Freizeitgestaltung der Kinder? Wie ist das heute?

Einbrecher gesucht!

Eine Bande von Einbrechern macht das Papageienviertel unsicher. Kurt hat sie gesehen. Ein Reporter interviewt ihn zu den Ereignissen. Er will einen Artikel für die Tageszeitung schreiben.

 Welche Informationen gehören nicht in einen Bericht? Markiere sie mit einem Kreuz. Ordne den übrigen Informationen ein E oder H zu. Zu welchen Teilen des Berichts gehören sie?

 Verfasse einen Artikel für die Zeitung. Ergänze fehlende Informationen.

Einleitung: Wo? Wann? Wer? Was?
Hauptteil: Was? Wie? Warum?
Schluss: Folgen?

Berichte sachlich, knapp, genau und in der richtigen zeitlichen Reihenfolge!

Einbruch in COOP, alkoholische Getränke entwendet

konnte nicht schlafen, aus dem Fenster gesehen

vor 14 Tagen

alle drei haben ein Moped

werde nicht so müde, weil immer geschoben

drei junge Männer

das grüne Moped hatte hinter dem Sitz einen hohen Bügel, daran waren bunte Bänder

alle drei hatten rote Helme mit Streifen in der Mitte

einer hat ein grünes, einer ein rotes Moped

manchmal sind nachts viele Leute unterwegs

Kurt ist dabei

 Die Krokodiler nehmen Kurt das erste Mal mit (Seite 64–75). Dabei stoßen sie auch auf Schwierigkeiten. Trage ein, was die Personen denken könnten.

Maria und Hannes lassen ihre Fahrräder bei Wolfermanns stehen, weil sie den Rollstuhl schieben müssen.

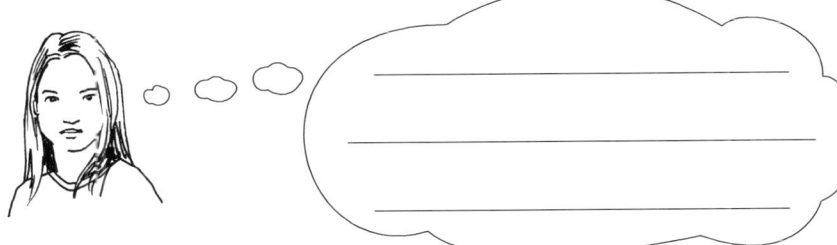

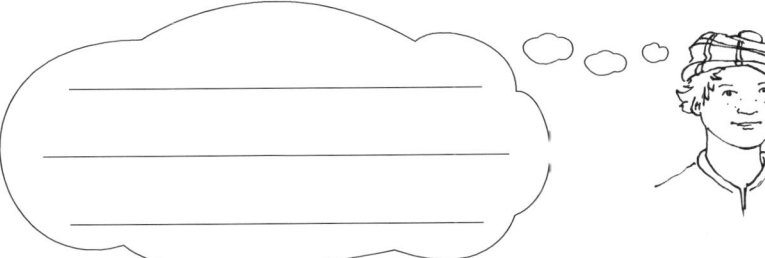

Die Krokodiler müssen die stark befahrene Bundesstraße überqueren. Theo hält der Verkehr auf.

Vor der Ziegelei stehen die Krokodiler unvermutet vor einem hohen Maschendrahtzaun. Otto zerzwickt die Maschen.

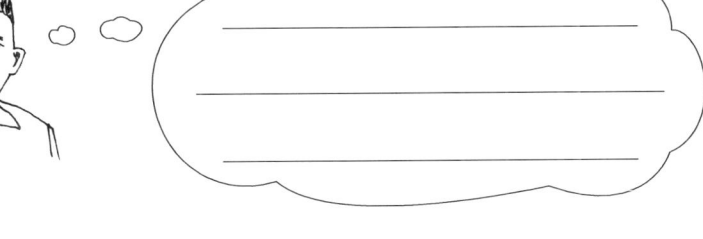

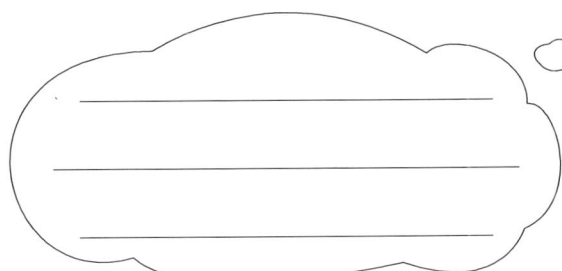

Kurt muss pinkeln. Frank und Olaf heben ihn aus seinem Stuhl hoch.

Kurts Rollstuhl gerät im Bürogebäude auf dem abschüssigen Flur in Bewegung.

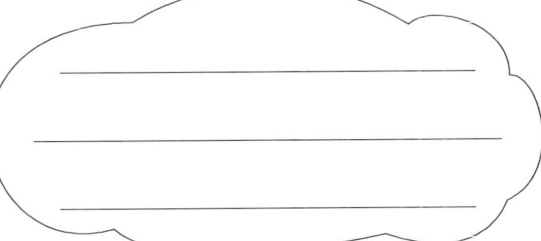

 Eigentlich wollten die Krokodiler Kurt nicht dabeihaben. Trotzdem hilft nun jeder, wie er kann. Sprecht in der Gruppe über diesen Sinneswandel.

Ziegelei im Schuhkarton

Das neue Hauptquartier der Krokodiler ist die alte Ziegelei. Baue sie nach.

Du brauchst:

- einen Schuhkarton ohne Deckel
- Wasserfarben oder Schulmalfarben
- kleine Schachteln und Pappreste
- Naturmaterialien (z.B. Holzstückchen, Rinde, trockenes Gras, Steinchen)
- feinen Sand
- Stifte, Klebstoff

So geht's:

1. Bemale den Schuhkarton zunächst von innen und außen.

2. Baue die alte Ziegelei aus Schachteln und Pappresten nach. Klebe sie in den Schuhkarton.

3. Male die Gebäude passend an. Beklebe sie außerdem mit Naturmaterialien.

4. Klebe Sand als Untergrund auf den Boden. Bestreiche dazu den Boden mit Klebstoff und schütte den Sand darauf. Verteile ihn durch Kippen des Kartons. Entferne überschüssigen Sand, indem du ihn ausschüttest.

Fertig ist die Ziegelei!

Erinnere dich: Welche wichtigen Szenen spielen sich rund um das Ziegeleigelände ab? Lies gegebenenfalls im Buch nach. Schreibe auf.

_____

_____

_____

_____

_____

Kurts Tag

Kurts Tagesablauf verändert sich im Laufe der Geschichte.

 Sieh dir die Tabelle an. Streiche durch, was nicht stimmt.

Die Seiten 32–38 und 64–81 helfen dir.

Kurts Tagesablauf vorher	Kurts Tagesablauf als Krokodiler
wird um halb acht abgeholt und geht zur Schule	wird um halb acht abgeholt und geht zur Schule
kommt um vier Uhr aus der Schule nach Hause	kommt um vier Uhr aus der Schule nach Hause
wird von den Krokodilern abgeholt	wird von der Krokodilern abgeholt
ist mit den Krokodilern unterwegs	ist mit den Krokodilern unterwegs
erlebt Abenteuer mit den Krokodilern	erlebt Abenteuer mit den Krokodilern
wird von Maria und Hannes nach Hause gebracht	wird von Maria und Hannes nach Hause gebracht
spielt allein in seinem Zimmer	spielt allein in seinem Zimmer
Hannes kommt zum Spielen zu ihm	Hannes kommt zum Spielen zu ihm
beobachtet die Gegend mit seinem Fernglas	beobachtet die Gegend mit seinem Fernglas
malt Bilder	malt Bilder
hat fast nur mit Erwachsenen zu tun	hat fast nur mit Erwachsenen zu tun

 Wie fühlt sich Kurt wohl als Krokodiler? Schreibe auf und begründe deine Vermutung.

_____

_____

_____

_____

Das Warenlager

 Lies die Seiten 72–81 genau. Löse anschließend das Kreuzworträtsel.

1. In der … bauen die Krokodiler ihre neue Hütte.
2. Das Warenlager ist im …
3. Die Diebe stehlen Musikgeräte. Welche?
4. Zur Beute gehören auch Apparate, die bewegte Bilder senden.
5. Im Warenlager finden die Krokodiler Kartons mit …
6. Die Diebe stehlen Dinge, die man rauchen kann.
7. Ein anderes Wort für Dieb.
8. Die Diebe fahren mit …
9. Maria sagt: „Weil Kurt nicht laufen kann, … er mehr als wir."
10. Olaf vermutet: „Die Diebe kommen nur …"

> Schreibe
> die Umlaute
> so: Ä, Ü.

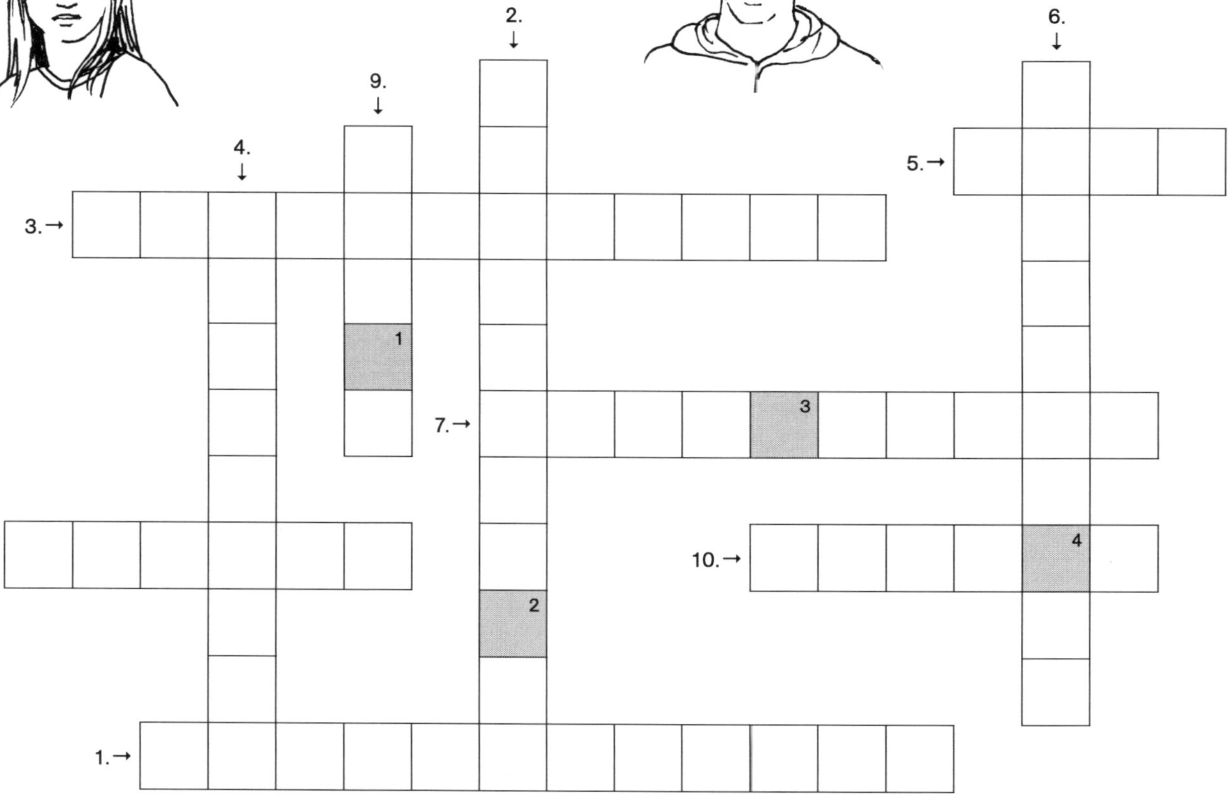

Wer entdeckt das Warenlager durch Zufall?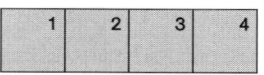

Inhalt

Nach Ferienbeginn entdeckt Kurt auf dem Gelände der alten Ziegelei drei Mopedfahrer. Es stellt sich heraus, dass die Diebe Franks älterer Bruder Egon und Karli, der Sohn eines Polizisten, sind. Den dritten kann Kurt nicht erkennen. Er will nicht glauben, dass Franks Bruder ein Einbrecher ist. Er vertraut seinen Verdacht zunächst seiner Mutter an. Sie findet, dass man ohne Beweise niemanden beschuldigen darf. Die Krokodiler suchen die Gegend nach grünen und roten Mopeds ab und schreiben die Nummernschilder auf. Auch Hannes hat Franks Bruder in Verdacht.

Als die Krokodiler auf dem Gelände der alten Ziegelei spielen, tauchen plötzlich Egon und sein Kumpel auf. Es kommt zum Streit. Die beiden gehen, als sich die Krokodiler gemeinsam gegen sie stellen. Kurt sieht seinen Verdacht bestätigt. Abends erfährt Kurt zufällig von seinem Vater, dass der Schornstein der Ziegelei gesprengt werden soll.

Unterrichtsschwerpunkte

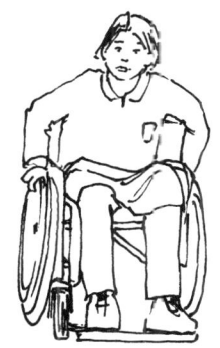

- Ausgleich von Behinderungen
- Mut und Angst

Zu den Kopiervorlagen

 KV Seite 33

Geschärfte Sinne

Durch die Beeinträchtigung eines Sinns oder einer Fähigkeit ist es häufig der Fall, dass andere Sinne geschärft oder neue Fähigkeiten entwickelt werden. So haben beispielsweise blinde Menschen oft ein besseres Gehör und einen feineren Tastsinn als sehende. Zusätzlich kompensiert eine behinderte Person das beeinträchtigte Körperteil oder den fehlenden Sinn durch ausgleichende Verhaltensweisen. So wird ein schwerhöriger Mensch darauf achten, seinem Gesprächspartner auf den Mund schauen zu können, nahe an der Tonquelle zu sitzen oder laute Versammlungen zu vermeiden.

Testen Sie mit den Schülern die veränderte Wahrnehmung, die durch das vorübergehende Einschränken einzelner Sinne entsteht. Stellen Sie dafür für jeden Schüler Ohrenstöpsel und eine Augenbinde zur Verfügung. Nehmen Sie sich für die Aufgaben Zeit und verteilen Sie sie

eventuell auf mehrere Einheiten. Die Schüler arbeiten mit einem Partner zusammen. Geben Sie konkrete Aufgaben vor, die die Schüler jeweils bewältigen sollen, z.B. mit Augenbinde: Packe deine Schulsachen aus/ein. Gib deinem Partner das Mathebuch. Mit Ohrenstöpseln: Frage deinen Partner nach seiner Lieblingsfarbe/nach der Uhrzeit/wie er einen bestimmten Kinofilm fand. Ohne zu sprechen: Erkläre deinem Partner, dass du dich heute Mittag gerne mit ihm treffen würdest/wie es dir heute geht/wie du in der Schule bist/wo du wohnst.

Lösung
Maria hatte ihnen einmal gesagt: Weil er nicht laufen kann, denkt er mehr als wir.

Kurt sagte langsam: „Weißt du, Frank, ihr könnt rumlaufen, deshalb seid ihr so ungeduldig. Ich muss ständig in meinem Rollstuhl sitzen und warten, bis mich einer wohin schiebt, da lernt man schon das Warten."

 KV Seite 34

Kurt – ein echtes Krokodil

Wer zur Bande von Olaf und seinen Freunden gehören will, muss eine gefährliche Mutprobe bestehen und gut Rad fahren können. Das kann Kurt natürlich nicht, weil er im Rollstuhl sitzt. Er beweist aber, dass er mindestens genauso viel Mut hat wie die anderen und viel ausrichten kann – nur eben auf seine Weise. Die Schüler lösen die erste Aufgabe, indem sie die vorgegebenen Koordinaten im Lösungsraster suchen. Der Umgang mit einem Koordinatensystem wird dadurch geübt. Die Wörter werden nacheinander aufgeschrieben. Hierbei entstehen Sätze, die als Denkanstoß zur anschließenden Fragestellung dienen.

Lösung
1. Kurt weiß, wer die Einbrecher sind.
2. Kurt findet das Warenlager der Einbrecher.
3. Kurt fährt Egon über den Fuß, um Frank zu helfen.
4. Kurt beobachtet mit seinem Fernglas oft die Ziegelei.

 KV Seite 35

Angst und Mut

Auf dieser Seite setzen sich die Schüler mit bestimmten Szenen aus dem Buch auseinander, in denen die Figuren mutig oder ängstlich agieren. Woran erkennt man das? Je nach Leistungsstand kann die Zuordnung der Textstellen auch in Partnerarbeit erfolgen. Besprechen Sie mit den Schülern die „Funktion" der Gefühle „Angst" und „Mut". Angst ist ein natürlicher Schutzmechanismus des Menschen, der vor Unheil bewahren soll. Mutig zu sein, ohne das Risiko einschätzen zu können, ist dagegen vielmehr Leichtsinn.

Gibt es „richtigen" oder „falschen" Mut? Gibt es treffendere Begriffe für das Verhalten der Krokodiler (z. B. Risikobereitschaft, Leichtsinn, Zivilcourage, Feigheit, Unsicherheit)?

Vertiefend denken die Schüler darüber nach, wann sie selbst einmal besonders mutig waren. Wovor haben sie manchmal Angst?

Lösung

Figuren	mutig	ängstlich
Hannes	Er geht das Risiko ein und klettert auf das Dach. Er stellt den Antrag, Kurt bei den Krokodilern aufzunehmen.	Er wagt nicht, den Feuerwehrmännern zu sagen, wie er auf das Gelände gekommen ist. Ihm wird schwarz vor Augen, als er erkennt, wie hoch er geklettert ist.
Maria	Sie ruft die Feuerwehr an.	Sie kann nicht hinsehen, als Hannes auf das Dach der Ziegelei klettert.
Krokodiler	Sie nehmen eine drohende Haltung gegenüber Egon und seinem Freund ein. Sie bauen ihre neue Hütte auf dem gesperrten Ziegeleigelände.	Sie laufen weg, als Hannes an der Dachrinne hängt. Sie sind gegen Kurts Aufnahme, weil sie sich die Aufgabe nicht zutrauen.
Frank	Er sucht die Konfrontation mit seinem Bruder.	Er will nicht, dass sein Bruder angezeigt wird, weil er dann eingesperrt wird oder seine Arbeit verliert.
Kurt	Er fährt mit seinem Rollstuhl über Egons Fuß, bevor der sich auf Frank stürzen kann.	Er hat Angst, als er auf seine Hilferufe keine Antwort bekommt.

Geschärfte Sinne

✏️▶ Kurt ist anders als die anderen Krokodiler, denn er ist auf den Rollstuhl angewiesen.
Es gibt aber noch weitere Unterschiede, die auch der anderen Kindern auffallen.
Lies im Buch nach (Seite 77 und 83). Ergänze die Sätze.

Maria hatte ihnen einmal gesagt: Weil er nicht laufen kann, _____

_____

Kurt sagte langsam: „Weißt du, Frank, ihr könnt rumlaufen, deshalb seid ihr so _____

_____

_____

_____

✏️▶ Kurt kann nicht laufen, deshalb passt er sein Verhalten seiner Behinderung an.
Er gleicht seine Behinderung aus. Viele Menschen mit einer Behinderung tun das.
Versuche herauszufinden, welche Sinne geschärft werden, wenn ein Sinn „ausfällt".
Schreibe auf.

1. Verbinde deine Augen. _____

_____

_____

2. Verwende Ohrenstöpsel. _____

_____

_____

3. Kommuniziere mit einem Klassenkameraden, ohne zu sprechen. _____

_____

_____

Kurt – ein echtes Krokodil

Kurt beweist auf seine Art, dass er ein Krokodil ist.

✎➤ Entschlüssle die Sätze mithilfe des Koordinatensystems. Schreibe auf.

	1	2	3	4	5
A	Einbrecher	Fernglas	Egon	helfen.	Kurt
B	um	Kurt	die	Kurt	Warenlager
C	findet	beobachtet	sind.	über	mit
D	den	oft	das	weiß,	zu
E	wer	Kurt	Ziegelei.	Einbrecher.	Fuß,
F	fährt	der	seinem	Frank	die

1. B2 D4 E1 F5 A1 C3

_____

2. A5 C1 D3 B5 F2 E4

_____

3. E2 F1 A3 C4 D1 E5 B1 F4 D5 A4

_____

4. B4 C2 C5 F3 A2 D2 B3 E3

_____

 Wie bewertest du Kurts Verhalten? Unterhalte dich mit deinen Klassenkameraden darüber.

Angst und Mut

Lies die Szenen auf Seite 13–21, Seite 38–41, Seite 70–75 und Seite 94–97. Wann sind die Figuren mutig, wann sind sie ängstlich? Klebe richtig auf.

Figuren	mutig	ängstlich
Hannes	Er geht das Risiko ein und klettert auf das Dach.	
Maria		Sie kann nicht hinsehen, als Hannes auf das Dach der Ziegelei klettert.
Krokodiler		
Frank		
Kurt		

Ist es immer richtig, mutig zu sein? Wann ist es wichtig, Angst zu haben? Diskutiert in der Klasse darüber.

✂

Er stellt den Antrag, Kurt bei den Krokodilern aufzunehmen.	Sie nehmen eine drohende Haltung gegenüber Egon und seinem Freund ein.
Sie ruft die Feuerwehr an.	Er will nicht, dass sein Bruder angezeigt wird, weil er dann eingesperrt wird oder seine Arbeit verliert.
Sie laufen weg, als Hannes an der Dachrinne hängt.	Sie bauen ihre neue Hütte auf dem gesperrten Ziegeleigelände.
Er hat Angst, als er auf seine Hilferufe keine Antwort bekommt.	Sie sind gegen Kurts Aufnahme, weil sie sich die Aufgabe nicht zutrauen.
Er sucht die Konfrontation mit seinem Bruder.	Er fährt mit seinem Rollstuhl über Egons Fuß, bevor der sich auf Frank stürzen kann.
Er wagt nicht, den Feuerwehrmännern zu sagen, wie er auf das Gelände gekommen ist.	Ihm wird schwarz vor Augen, als er erkennt, wie hoch er geklettert ist.

Inhalt

Am Tag nach der Begegnung mit Egon und seinem Freund in der alten Ziegelei gehen Kurt und die Krokodiler zum Minigolfplatz am Waldrand, der erst vor zwei Tagen eröffnet wurde. Der Besitzer hat Angst, dass der Rasen durch Kurts Rollstuhl zerstört wird, und will, dass er den Platz verlässt. Daraufhin spielen die Krokodiler ihm einen Streich.

Die Krokodiler machen sich Gedanken wegen des bevorstehenden Abrisses des Kamins in der alten Ziegelei. Als sie später bei Kurt zu Hause sind, schenkt Kurts Mutter ihm Pfeil und Bogen.

Kurt hat abends ein Schild geschrieben, mit dem er auf dass intolerante Verhalten des Besitzers hinweisen will. Die Krokodiler befestigen es am nächsten Tag am Eingang des Minigolfplatzes. Anschließend gehen sie gemeinsam zur alten Ziegelei, um die Sprengung zu beobachten. Auch die drei verdächtigen Mopedfahrer sind dort. Es kommt zu einem kurzen Streit zwischen Frank und Egon.

Während des Waldfestes gehen die Krokodiler zur alten Ziegelei, um die Diebe zu beobachten. Frank sagen sie nicht Bescheid. Während sie auf der Lauer liegen, kommt dieser hinzu. Plötzlich tauchen die Mopedfahrer mit einem Kastenwagen auf und räumen das Warenlager aus. Währenddessen kommen die Italienerkinder und nehmen ein Fahrrad und andere Dinge aus dem Kastenwagen mit. Kurt rollt über den Hof. Es kommt zur offenen Auseinandersetzung mit Egon und seinen Freunden.

Am nächsten Tag erfährt Kurt aus der Zeitung, dass man das Fahrrad gefunden hat und den Italienerkindern die Schuld an den Einbrüchen gibt. Frank besucht Kurt und will ihn überzeugen, von einer Anzeige abzusehen. Darüber wollen die Krokodiler am Nachmittag gemeinsam entscheiden. Kurt erzählt seiner Mutter alles.

Unterrichtsschwerpunkte

- Diskriminierung
- Geheimschriften
- Empathiefähigkeit schulen

Zu den Kopiervorlagen

 KV Seite 39 **Wie war es wirklich?**
Auf den Seiten 101–105 erfahren die Schüler etwas über die Geschehnisse auf dem Minigolfplatz. Dieses Wissen brauchen sie nun, um die richtigen Sätze zu erkennen. Genaues, sinnentnehmendes Lesen ist notwendig, das Leseverständnis wird gefördert. Lesestarke Schüler können zuerst nochmals nachlesen und die Aufgabe anschließend ohne nachzusehen lösen. Die anderen schlagen in der Lektüre nach.

Lösung
Die Räder zerstören den Rasen.

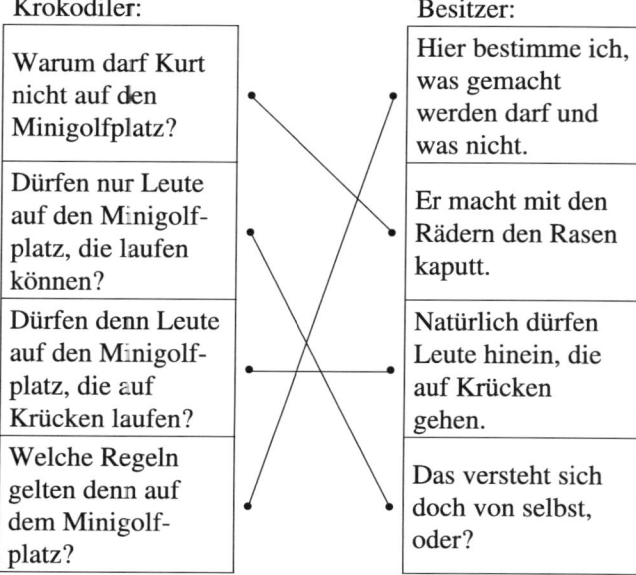

Krokodiler:	Besitzer:
Warum darf Kurt nicht auf den Minigolfplatz?	Hier bestimme ich, was gemacht werden darf und was nicht.
Dürfen nur Leute auf den Minigolfplatz, die laufen können?	Er macht mit den Rädern den Rasen kaputt.
Dürfen denn Leute auf den Minigolfplatz, die auf Krücken laufen?	Natürlich dürfen Leute hinein, die auf Krücken gehen.
Welche Regeln gelten denn auf dem Minigolfplatz?	Das versteht sich doch von selbst, oder?

 KV Seite 40 **Kurts Schild**
Vorfälle wie der auf dem Minigolfplatz sind leider keine Seltenheit. Viele Menschen bringen kein Verständnis für behinderte Personen auf. Die Schüler setzen sich mit dieser Problematik vertiefend auseinander. Kurts Revanche mit dem Schild kann verschiedene Gründe haben. Die Schüler wählen aus, was ihrer Meinung nach zutrifft. Hier gibt es kein Richtig oder Falsch. Halten Sie die Kinder dazu an, ihre Entscheidung zu begründen.

Lassen Sie die Klasse anschließend über die Szene diskutieren: Wurde Kurt diskriminiert? Hatte der Besitzer recht? Hätte man die Situation anders lösen können?

Lösung
Vorsicht! Be<u>tre</u>ten des Minigolfplatzes ist <u>nur</u> g<u>eis</u>tig und körper<u>lich</u> <u>normalen</u> <u>Mensch</u>en erlaubt. Alle anderen <u>Spieler</u> <u>ze</u>rstören den Rasen! Der <u>Besitzer</u>.

Folgende Situationen sind diskriminierend:
Ein Blinder möchte seinen Blindenhund mit ins Restaurant nehmen. Dort steht ein Schild, dass Tiere verboten sind.
Im Fußballstadion beschwert sich ein Besucher, dass eine Gruppe Rollstuhlfahrer in der ersten Reihe sitzen darf.
Der Schulchor nimmt ein gehbehindertes Kind wegen seiner Behinderung nicht auf.

Geheime Botschaften

In einer Bande spielen Geheimnisse eine große Rolle. Geheimschriften sind beliebt und motivieren die Kinder, eigene Botschaften zu verfassen. Kopieren Sie die Kopiervorlage vergrößert. Mit der „Codierungs-Karte" erstellen die Schüler sich einen „Schlüssel", mit dem sie zahlreiche Geheimschriften festlegen und entschlüsseln können. Sie brauchen hierfür eine Schere, Klebstoff und einen Wollfaden oder eine Paketschnur. Die beiden Teile werden entlang der gestrichelten Linien ausgeschnitten und jeweils mit der Rückseite aufeinandergelegt. Dann wird die Schnur zwischen die beiden Teile gelegt, die nun zusammengeklebt werden. Achten Sie darauf, dass die Schnur so lang ist, dass sie einmal komplett zum Umwickeln reicht. Das freie Ende wird verknotet, damit sich die Schnur nicht aufdreht. Dem Buchstaben A wird eine bestimmte Zahl zugeordnet, die folgenden Buchstaben werden dann der Reihe nach von 2 bis 26 übersetzt. Die Zahl für A muss auf jedem Brief mitgeteilt werden. So kann man jede Geheimschrift eines Klassenkameraden entschlüsseln.

Auf der Rückseite des Binde-Finde-Spiels finden die Schüler einen zweiten Code. Dabei ist immer der erste Buchstabe des Wortes der Buchstabe der Nachricht, z.B. **I**gel **C**armen **h**allo x **h**allo **O**stern **l**inks **E**mil x **D**elle **I**gel **C**armen **h**allo x **A**ffe **B**rei! = Ich hole dich ab! Die Groß- und Kleinschreibung wird dabei nicht berücksichtigt, was die Geheimschrift noch schwieriger macht. Wenn die Kinder geübt sind, eignet sich dieser Code besonders für mündliche Mitteilungen. Schaffen die Schüler ein Geheim-code-Diktat?

Die Kinder werden nun sicher motiviert sein, sich eine eigene Geheimschrift auszudenken. Lassen Sie verschiedene Inhalte der Lektüre verschlüsseln und von der ganzen Klasse enträtseln.

Frank und Kurt – zwei Ansichten

Franks Bruder Egon soll angezeigt werden. Daraus ergibt sich für die Krokodiler ein moralischer Konflikt, der für die Schüler nicht ganz einfach nachzuvollziehen ist. Indem sie die verschiedenen Aussagen lesen und der jeweiligen Person zuordnen, versetzen sie sich in deren Lage. Was befürchtet Frank bei einer Anzeige? Kannst du seine Befürchtungen nachvollziehen? Wäre es gerecht, Egon nicht anzuzeigen?

Mit der Bearbeitung dieser Aufgaben können Sie die Schüler auf ein szenisches Spiel vorbereiten. Zu zweit erarbeiten sie einen Dialog, wie er zwischen Kurt und Frank ablaufen könnte. Sie tragen das Gespräch der Klasse vor. Dadurch setzen sie sich intensiv mit dem Konflikt auseinander.

Vertiefend notieren sich die Schüler Gedanken zu Franks Gefühlswelt. Was belastet ihn in dieser Situation? Worüber macht er sich Sorgen? Wie soll er sich seinen Freunden gegenüber verhalten? Was würde er wohl zu seinem Bruder sagen? Diese Aufgabe bietet sich als Hausaufgabe an.

Lösung

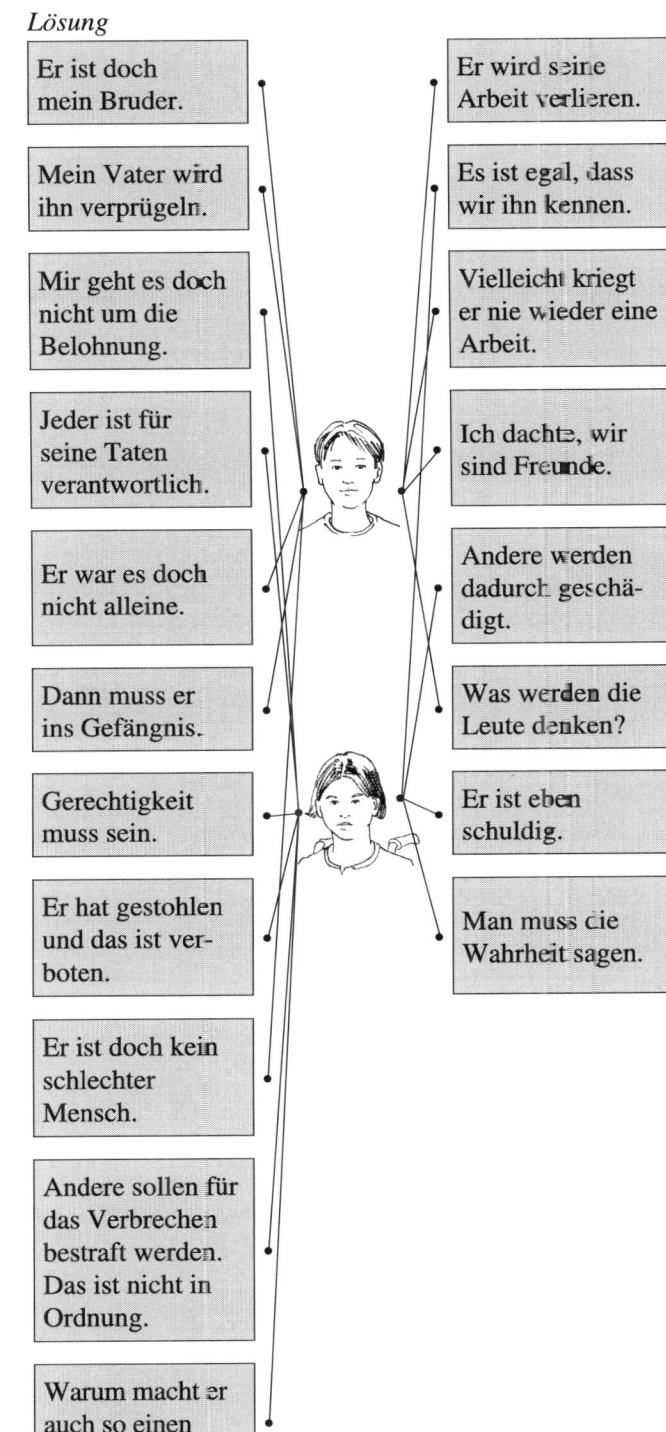

Kreativ aktiv

Geheimschriftfächer

Die verschiedenen Geheimschriften können auf einem Fächer festgehalten werden. Die einzelnen Codes werden auf schmalen Streifen aus Tonkarton notiert. Laminiert werden die Fächer haltbarer, vor allem, wenn die Kinder sie in der Hosentasche mitführen. Die verschiedenen Streifen werden dann an einem Ende mit einer Musterklammer zusammengefasst. So können die Schüler den Fächer öffnen und sich eine Geheimschrift auswählen.

Verschlüsselungsscheibe

Schneiden Sie für die Verschlüsselungsscheibe eine größere und eine etwas kleinere Pappscheibe aus. Notieren Sie am Rand auf beiden Scheiben das Abc, sodass die Buchstaben jeweils einander zugeordnet werden können. Anschließend werden die Pappscheiben übereinandergelegt und mit einer Musterklammer in der Mitte zusammengeheftet. Mit einer Büroklammer wird eingestellt, welcher Buchstabe der verschlüsselten Nachricht (äußere Scheibe) dem Buchstaben A (innere Scheibe) entspricht. Daraus ergeben sich automatisch die restlichen Zuordnungen. Es können immer wieder neue Verschlüsselungen verwendet werden.

Kurt und Frank – einen Konflikt darstellen

Teilen Sie die Klasse in zwei Gruppen ein: eine Frank- und eine Kurt-Gruppe. Die Schüler überlegen sich, wie sich die jeweilige Person fühlt und welche Argumente sie vorbringen will. Die Sätze der Kopiervorlage Seite 42 helfen dabei. Dann wird ein Gespräch geführt. Immer abwechselnd dürfen die Personen der beiden Gruppen ein Argument vorbringen. Nach jedem Argument kann eine Person der anderen Gruppe darauf reagieren. Anschließend bringt diese Person ihr eigenes Argument vor. Am Ende soll jeder Schüler einmal drangekommen sein.

In einer Variante schreiben die Schüler innerhalb der Gruppe ihre Argumente jeweils auf eine Karteikarte. Sammeln Sie diese anschließend ein. Immer zwei treten nun gegeneinander an. Jeder zieht sich ein bis drei Argumente aus den Karten und muss mit diesen das Gespräch führen.

Moralischer Konflikt

Für eine Collage, die in Gruppen von den Schülern erstellt werden kann, bieten sich folgende Leitfragen an:
- Dein Bruder ist als Dieb entlarvt. Wie fühlst du dich? Was möchtest du ihm sagen? Welche Ängste und Sorgen hast du? Wie reagierst du auf die Anschuldigungen durch Kurt? Was sagst du zu ihm? Wie entscheidest du dich?
- Du hast Franks Bruder als Dieb entlarvt. Wie fühlst du dich? Wie begegnest du Frank? Was denkst du über den Diebstahl? Kannst du Franks Reaktion verstehen? Was sagst du zu ihm? Wie erzählst du ihm von deinem Verdacht?

Jede Gruppe wählt eine Sichtweise aus und gestaltet dazu ein Plakat, auf dem die Antworten dargestellt werden.

Wie war es wirklich?

 Lies die Aussagen über die Ereignisse auf dem Minigolfplatz. Kreise die Begriffe hinter den wahren Aussagen ein. Sie ergeben einen Lösungssatz.

Der Minigolfplatz liegt am Waldrand.	Die
Ein Spiel kostet drei Mark.	Kurt
Kurts Bälle treffen oft das Ziel.	laufen
Der Golfplatzbesitzer freut sich über Kurts Besuch.	helfen
Die Krokodiler rennen ohne Kurt vom Golfplatz.	Räder
Kurt zieht heimlich die Bremsen an.	zerstören
Kurt lässt sich in den weichen Rasen fallen.	den
Kurt weint vor Freude.	Besitzer
Otto und Rudolf heben Kurt in den Rollstuhl.	das
Viele Schüler bleiben am Zaun stehen und sehen zu.	schreit
Kurt darf demnächst umsonst auf den Golfplatz.	Rasen
Die Krokodiler schieben Kurt in die Stadt zurück.	Besuch

Lösungssatz: _____

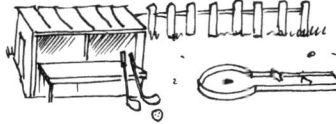

 Das Gespräch der Krokodiler mit dem Besitzer des Minigolfplatzes ist durcheinandergeraten. Verbinde richtig.

Krokodiler:

Warum darf Kurt nicht auf den Minigolfplatz?
Dürfen nur Leute auf den Minigolfplatz, die laufen können?
Dürfen denn Leute auf den Minigolfplatz, die auf Krücken laufen?
Welche Regeln gelten denn auf dem Minigolfplatz?

Besitzer:

Hier bestimme ich, was gemacht werden darf und was nicht.
Er macht mit den Rädern den Rasen kaputt.
Natürlich dürfen Leute hier ein, die auf Krücken gehen.
Das versteht sich doch von selbst, oder?

Kurts Schild

 Der Regen hat einen Teil des Textes abgewaschen. Ergänze die Lücken.

> **Vorsicht!**
>
> Be_____ des Minigolfplatzes ist
>
> _____ _____ und Körper_____ _____
>
> Men_____ _____laubt. Alle anderen _____
>
> _____stören den Rasen! Der _____ .

 Wieso hat Kurt dieses Schild geschrieben? Male eine Sprechblase um den Satz, der deiner Meinung nach am besten passt.

Er möchte dem Besitzer eine Lehre erteilen.

Er will, dass der Minigolfplatz geschlossen wird.

Er möchte den Besitzer zum Nachdenken anregen.

Er möchte sich rächen.

Er möchte den Krokodilern zeigen, dass er sich etwas traut.

Er konnte nachts nicht schlafen und hatte Langeweile.

Er möchte auf die Diskriminierung von Behinderten aufmerksam machen.

 In welchen Situationen kann man von Diskriminierung sprechen? Male die entsprechenden Kästchen rot an.

Ein Blinder möchte seinen Blindenhund mit ins Restaurant nehmen. Dort steht ein Schild, dass Tiere verboten sind.

Ein Kind im Rollstuhl bekommt eine Vier in Mathematik.

Der Schulchor nimmt ein gehbehindertes Kind wegen seiner Behinderung nicht auf.

In der Pause hat es Streit zwischen einem nicht behinderten und einem behinderten Kind gegeben. Beide Kinder haben in der nächsten Pause Pausenverbot.

Ein Rollstuhlfahrer parkt auf einem Behindertenparkplatz.

Im Fußballstadion beschwert sich ein Besucher, dass eine Gruppe Rollstuhlfahrer in der ersten Reihe sitzen darf.

Geheime Botschaften

✂

Geheimsprache	
von _____	
Affe	A
Brei	B
Carmen	C
Delle	D
Emil	E
Fisch	F
Grün	G
hallo	H
Igel	I
ja	J
klein	K
links	L
Mond	M
Nase	N
Ostern	O
Pfau	P
Quark	Q
Riese	R
See	S
Tom	T
Uhu	U
vier	V
weg	W
Xylofon	X
Yoga	Y
zack	Z

Binde-Finde-Spiel	
von _____	
1	A
2	B
3	C
4	D
5	E
6	F
7	G
8	H
9	I
10	J
11	K
12	L
13	M
14	N
15	O
16	P
17	Q
18	R
19	S
20	T
21	U
22	V
23	W
24	X
25	Y
26	Z

Frank und Kurt – zwei Ansichten

 Lies die Aussagen. Sie beschreiben die unterschiedlichen Meinungen und Gedanken von Frank und Kurt. Verbinde passend.

Er ist doch mein Bruder.	Er wird seine Arbeit verlieren.
Mein Vater wird ihn verprügeln.	Es ist egal, dass wir ihn kennen.
Mir geht es doch nicht um die Belohnung.	Vielleicht kriegt er nie wieder eine Arbeit.
Jeder ist für seine Taten verantwortlich.	Ich dachte, wir sind Freunde.
Er war es doch nicht alleine.	Andere werden dadurch geschädigt.
Dann muss er ins Gefängnis.	Was werden die Leute denken?
Gerechtigkeit muss sein.	Er ist eben schuldig.
Er hat gestohlen und das ist verboten.	Man muss die Wahrheit sagen.
Er ist doch kein schlechter Mensch.	
Andere sollen für das Verbrechen bestraft werden. Das ist nicht in Ordnung.	
Warum macht er auch so einen Blödsinn?	

 Ergänze eigene Sätze.

Inhalt

Am Nachmittag stimmen die Krokodiler über das weitere Vorgehen ab. Kurt und Frank sind gegen eine Anzeige. Die Krokodiler gehen daraufhin zur Polizei und schildern ihre Beobachtungen, ohne jedoch Namen zu nennen. Die Polizei will die Angaben überprüfen.

Eine Woche nach der Anzeige begegnen Kurt, Hannes und Maria Egon. Dieser stößt Kurt mit seinem Rollstuhl gegen einen Zaun. Die Invaliden helfen den drei Kindern. Die drei beschließen, der Polizei nun doch die ganze Wahrheit zu sagen.

Frank besucht Kurt und erzählt, dass sein Vater alles über Egon weiß. Der Vater findet, die Belohnung für die Aufklärung der Einbrüche stehe Kurt zu. Dafür soll er ein Spezialfahrrad bekommen. Frank will eine Abstimmungsversammlung einberufen.

Die Ziegelei wird abgerissen. Die Krokodiler bauen sich im Wald eine neue Hütte. Die Invaliden helfen ihnen dabei.

Unterrichtsschwerpunkte

- Ein Treffpunkt für die Krokodiler
- Das Ende der Geschichte

Zu den Kopiervorlagen

KV Seite 44

„Alles, was wir uns aufbauen …"

Die Krokodiler haben in der Lektüre zweimal ihre Unterkunft und damit ihren Treffpunkt verloren. Die Schüler überlegen, was dieser Verlust für die Krokodiler bedeutet. Wo könnten die Krokodiler einen neuen Platz finden? Wie müsste er sein? Ihre Gedanken halten die Schüler auf der Kopiervorlage fest. Was würden die Krokodiler sagen? Daran anschließend können Sie mit der Klasse ins Gespräch kommen: Haben die Schüler einen Ort, an dem sie ungestört sind? Mussten sie auch schon einmal lieb gewonnene Gewohnheiten aufgeben, weil äußere Umstände sich geändert haben?

Mögliche Lösung
Ihre erste Hütte im Wald wurde komplett zerstört.
Die Hütte auf dem Ziegeleigelände wird mit dem Abriss der Trockenhalle ebenfalls zerstört.
Die Krokodiler finden keinen Platz, an dem sie sich ungestört treffen und dauerhaft bleiben können.

einen trockenen Platz, einen windgeschützten Platz, einen warmen Platz, einen Ort, der gut zu erreichen ist, einen Ort, zu dem nur sie Zutritt haben

KV Seite 45

Geschehnisse im Schleudergang

Anhand der Aufgaben rekapitulieren die Schüler die Ereignisse der letzten Seiten des Buches. Indem sie die Satzteile ausschneiden und nacheinander auf eine Schnur kleben oder an eine Leine hängen, bringen sie den Inhalt auch optisch in die richtige Reihenfolge. Das Ende der Geschichte kann mithilfe der Textteile frei nacherzählt werden. Lassen Sie alternativ dazu die Texte auf Papierstreifen kleben. Als Ziehharmonika gefaltet können die Teile der Geschichte nacheinander aufgefaltet werden.

Lösung
Der Schornstein der Ziegelei wird gesprengt.
Das Waldfest findet statt. Alle Krokodiler sind dort versammelt.
Die Krokodiler fahren ohne Frank zur Ziegelei und legen sich auf die Lauer.
Frank bemerkt, dass die Krokodiler verschwunden sind. Er folgt ihnen zur Ziegelei.
Die Einbrecher fahren mit einem VW-Kastenwagen vor und verladen das Diebesgut.
Plötzlich kommen die Italienerkinder und stehlen verschiedene Dinge aus dem Auto.
Kurt zeigt sich den Einbrechern. Gemeinsam verjagen die Krokodiler sie vom Ziegeleigelände.
Die Krokodiler beraten, ob sie bei der Polizei die Wahrheit sagen sollen, da die Italienerkinder zu Unrecht verdächtigt werden.
Die Krokodiler erstatten bei der Polizei Anzeige gegen unbekannt.
Die Krokodiler geben bei der Polizei das Nummernschild des Kastenwagens an.
Egon und seine Freunde werden verhaftet.
Die Ziegelei wird abgerissen.

„Alles, was wir uns aufbauen …"

✏️ „Alles, was wir uns aufbauen, reißen sie wieder ein", sagt Hannes. Was bedeutet dieser Satz für die Krokodiler? Schreibe auf.

✏️ Was brauchen die Krokodiler, um sich einen dauerhaften Treffpunkt einrichten zu können? Schreibe in die Mauersteine.

einen Ort,
an dem sie
ungestört sind

einen Ort,
der nicht
verboten ist

✏️ Welchen Platz würdest du den Krokodilern empfehlen? Mache Vorschläge.

Geschehnisse im Schleudergang

 Lies die Seiten 108–156 der Lektüre.

 Schneide die Sätze aus. Bringe sie in die richtige Reihenfolge. Klebe sie auf eine Schnur, die „Wäscheleine".

 Erzähle die Ereignisse mithilfe der Textteile.

✂

Die Krokodiler beraten, ob sie bei der Polizei die Wahrheit sagen sollen, da die Italienerkinder zu Unrecht verdächtigt werden.

Die Ziegelei wird abgerissen.

Kurt zeigt sich den Einbrechern. Gemeinsam verjagen die Krokodiler sie vom Ziegeleigelände.

Egon und seine Freunde werden verhaftet.

Das Waldfest findet statt. Alle Krokodiler sind dort versammelt.

Der Schornstein der Ziegelei wird gesprengt.

Die Krokodiler geben bei der Polizei das Nummernschild des Kastenwagens an.

Die Einbrecher fahren mit einem VW-Kastenwagen vor und verladen das Diebesgut.

Frank bemerkt, dass die Krokodiler verschwunden sind. Er folgt ihnen zur Ziegelei.

Die Krokodiler erstatten bei der Polizei Anzeige gegen unbekannt.

Die Krokodiler fahren ohne Frank zur Ziegelei und legen sich auf die Lauer.

Plötzlich kommen die Italienerkinder und stehlen verschiedene Dinge aus dem Auto.

Nach der Lektüre

Unterrichtsschwerpunkte

- Freies Schreiben
- Kreatives Gestalten
- Lektürespiel

Zu den Kopiervorlagen

Lesedetektiv

Mit dieser Aufgabe werden die Schüler auf spielerische Weise zum genauen Lesen angeregt. Wichtige Szenen der Lektüre werden hier noch einmal aufgegriffen. Satzanfänge oder -enden müssen vervollständigt oder Leseaufträge ausgeführt werden. Als Hilfestellung dienen die Seitenangaben. Anhand des Lösungswortes können die Schüler sich selbst kontrollieren. Für leseschwächere Schüler bietet sich auch die Zusammenarbeit in Zweiergruppen an.

Sie können die Seite als Wettbewerb mit der gesamten Klasse durchführen. Gehen Sie dabei schrittweise vor. Wer kann die jeweilige Stelle als Erster komplett und richtig vorlesen?

Lösung

1. A: hast doch nicht raufklettern müssen."
2. U: viermal
3. F: um seine kleine Schwester spazieren zu fahren, aber auch er fuhr mit.
4. P: Die Eisentür ließ sich nicht einfach öffnen,
5. A: den anderen hatte er zwar schon gesehen, wusste aber seinen Namen nicht.
6. S: und befestigten die Tafel so auffällig, dass jeder sie sehen musste.
7. S: sieben
8. E: sein Bruder einer der Einbrecher war.
9. N: haben Fingerabdrücke bei den Einbrüchen gefunden."

„Vorstadtkrokodile" ist eine Geschichte vom AUFPASSEN.

„Eine Geschichte vom Aufpassen"

Nachdem die Schüler die Lektüre gelesen haben, beschäftigen Sie sich näher mit dem Untertitel des Buches – „Eine Geschichte vom Aufpassen". Sie formulieren dessen Bezug zur Lektüre mithilfe der vorgegebenen Stichwörter. Auch wenn unterschiedliche Lösungen möglich sind, sollten die Schüler ihre Meinung begründen können. Eine weiterführende Besprechung im Klassenplenum ist sinnvoll.

Mögliche Lösung

Das Buch trägt den Untertitel „Eine Geschichte vom Aufpassen", weil …

Kurt sehr gut aufpasst und dadurch die Wahrheit herausfindet.

die Krokodiler auf Kurt aufpassen müssen und so lernen, dass man füreinander Verantwortung übernehmen muss.

man aufmerksam sein muss, was in seiner Umgebung passiert.

man manchmal gut aufpassen muss, das Richtige zu tun.

Sei selbst Autor!

Diese Aufgabe bietet den Schülern die Möglichkeit, sich kreativ mit dem Verlauf der Geschichte auseinanderzusetzen und eigene Ideen einzubringen. Die vorgegebenen Bausteine helfen ihnen, der Handlung eine neue Richtung zu geben. Ähnliche Schreibanlässe können den Schülern auch zu weiteren Schlüsselszenen des Buches angeboten werden und die Auseinandersetzung mit der Lektüre vertiefen.

Der Krokodiler-Rap

Als Erkennungszeichen einer Bande dient häufig ein gemeinsamer Spruch. Der vorliegende Krokodiler-Rap wird von der Klasse ergänzt und auswendig gelernt. Die Kinder tragen ihre Version jeweils der Klasse vor. Dabei werden das Gedächtnis sowie das Rhythmusgefühl der Kinder geschult. Begleitend können Körper- und Orffinstrumente eingesetzt werden.

Literaturkritik

Führen Sie die Kinder im Anschluss an die Lektüre an eine kritische Beurteilung heran. Leiten Sie sie dazu an, sowohl positive wie auch negative Ansichten zu äußern. Wichtig ist dabei immer, dass sie ihre Meinung begründen. Die Vorgaben auf dem Arbeitsblatt dienen als Hilfe. Die Schüler malen so viele Sterne an, wie sie der Lektüre abschließend geben wollen. Die ausgefüllten Kritiken können in einen Ordner geheftet und in der Klasse ausgelegt werden.

Mein Krokodil

Das Krokodil ist das zentrale Erkennungszeichen der Bande. Die Schüler basteln ein Krokodil aus Filz. Je nach der Größe, in der Sie die Schablone anfertigen, kann das genähte Krokodil als Anstecker, Anhänger, Stofftier oder Kissen verwendet werden. Legen Sie gegebenenfalls noch Sicherheitsnadeln oder Schlüsselringe bereit. Als Kissen kann das Krokodil den Schülern in der Leseecke oder im Sitzkreis eine bequeme Unterlage sein. Als Anhänger lässt sich der Name des Kindes aufsticken, sodass er an die Schul- oder Sporttasche gehängt werden kann.

Alternativ kann das Krokodil aus Stoff genäht werden. Die Besonderheit bei dieser Näharbeit ergibt sich vor allem durch das Muster des Stoffes, wenn es nicht den Farben eines Krokodils entspricht.

KV Seite 54–56 Das Spiel der Vorstadtkrokodile

Bereiten Sie vorab die Personen-, Ereignis- und Aktionskarten vor. Kopieren Sie diese und schneiden Sie sie aus. Laminiert können sie beliebig oft benutzt werden. Dasselbe gilt für den Spielplan. Dieser kann vorher bunt angemalt oder auf farbiges Papier kopiert werden. Legen Sie pro Spiel einen Würfel und vier Spielfiguren bereit. Die Spielregeln können jedem Spielplan beigelegt werden, sodass die Kinder diese immer vor Augen haben und gegebenenfalls nachlesen können. Besprechen Sie die Regeln vor dem ersten Spiel. Wichtig ist es, dass die Schüler den Mitspielern nicht zeigen, welche Personenkarte sie gezogen haben. Besonderen Reiz erhält das Spiel durch die Aktions- und Ereigniskarten sowie die Tatsache, dass nicht bekannt ist, wer der Dieb ist. Zusätzlich motivierend für die Spieler ist eine kleine Belohnung, die in das Warenlager gelegt wird. Stellen Sie dafür z. B. vier Gummibärchen oder vier Kekse pro Spielplan bereit. Erreichen die Krokodiler zuerst das Lager, teilen sie die Beute und jeder bekommt einen Keks. Erreicht aber zuerst der Dieb das Lager, darf er alle Kekse behalten.

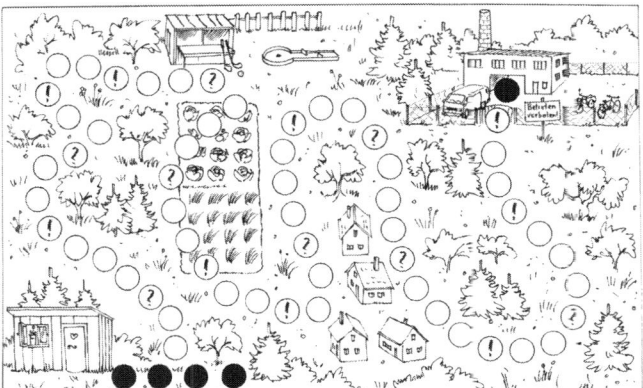

Kreativ aktiv

Namensgebung

In der Lektüre wird nicht beschrieben, wie genau die Bande zu ihrem Namen gekommen ist. Auf Seite 6 wird nur angedeutet, dass Olaf „die Idee mit dem Krokodil" hatte. Wieso wurde der Name Vorstadtkrokodile ausgewählt? Warum tragen alle Bandenmitglieder das Abzeichen? Die Schüler schreiben ihre Ideen auf.

Gedanken zu einer Bande

Die Schüler überlegen sich, wie sie eine eigene Bande nennen würden, welches Abzeichen diese Bande hätte und welche Regeln gelten sollen. Lassen Sie Bandenzeichen gestalten. Diese können als Collage gesammelt und als Klassenschmuck aufgehängt werden. Auch als Türschild können sie Verwendung finden.

Lesedetektiv

 Sei ein Lesedetektiv! Kreise immer den richtigen Lösungsbuchstaben ein. Die Seitenangaben helfen dir.

1. (Seite 15) Und Frank sagte zu ihr: „Du …
   K musstest doch nicht raufklettern."
   A hast doch nicht raufklettern müssen."

2. Zähle, wie oft das Wort „Rollstuhl" auf Seite 35 vorkommt.
   U viermal
   L dreimal

3. (Seite 41) Theo hätte eigentlich zu Hause sein müssen, …
   F um seine kleine Schwester spazieren zu fahren, aber auch er fuhr mit.
   S um mit seiner kleinen Schwester spazieren zu gehen, aber auch er fuhr mit.

4. (Seite 75) … sie klemmte.
   D Die Eisentür ließ sich einfach nicht öffnen,
   P Die Eisentür ließ sich nicht einfach öffnen,

5. (Seite 94) Kurt erkannte sofort Franks Bruder, …
   B den anderen hatte er zwar schon gesehen, aber er wusste seinen Namen nicht.
   A den anderen hatte er zwar schon gesehen, wusste aber seinen Namen nicht.

6. (Seite 108) Sie fuhren zum Minigolfplatz, der noch geschlossen war, …
   S und befestigten die Tafel so auffällig, dass jeder sie sehen musste.
   K und befestigten die Tafel so unauffällig, dass jeder sie sehen musste.

7. (Seite 120/121) Wie viele Personen werden auf diesen Seiten namentlich genannt?
   S sieben
   T sechs

8. (Seite 126) Er konnte immer noch nicht begreifen, dass …
   E sein Bruder einer der Einbrecher war.
   R sein Bruder bei den Einbrechern war.

9. (Seite 152) „Es wird nicht schwer sein, sie zu überführen. Wir …
   F haben Fingerabdrücke bei den Einbrechern gefunden."
   N haben Fingerabdrücke bei den Einbrüchen gefunden."

 Lies die eingekreisten Buchstaben von oben nach unten und trage sie ein.

„Vorstadtkrokodile" ist eine Geschichte vom __ __ __ __ __ __ __ __ __.

„Eine Geschichte vom Aufpassen"

Überlege, warum die Geschichte diesen Untertitel trägt. Vervollständige den Satz auf unterschiedliche Weise. Nutze die vorgegebenen Begriffe als Schreibhilfe.

Behinderung berücksichtigen

gerecht sein

Verantwortung füreinander übernehmen

Umgebung wahrnehmen

die Wahrheit finden

Das Buch trägt den Untertitel „Eine Geschichte vom Aufpassen", weil ...

sich kümmern

aufmerksam sein

Umgang miteinander

Gewalt verhindern

Besprecht in der Klasse eure Ergebnisse.

Sei selbst Autor!

 Lies folgenden Auszug aus der Geschichte (siehe auch Seite 142). Stell dir vor, der Autor hätte an dieser Stelle nicht gewusst, wie die Geschichte weitergehen soll.

> Es stellte sich dann heraus, dass auch Frank den Krokodilern von dem Gespräch mit Kurt am Vormittag erzählt hatte, sodass sie gleich zur Abstimmung kommen konnten. Olaf stellte sich breitbeinig inmitten der Hütte auf und fragte: „Also, wer ist für anzeigen?"

 Wie soll die Szene weitergehen? Finde weitere Ideen und trage ein.

Alle Krokodiler stimmen dafür, die Diebe anzuzeigen.	Nicht alle Krokodiler sind mit der Anzeige einverstanden.	Niemand stimmt für die Anzeige der Diebe.
	Kurt stellt Frank zur Rede. Es kommt zum Streit.	Die Krokodiler fragen ihre Eltern um Rat.
Die Krokodiler zeigen die Italienerkinder an, um Franks Bruder zu schützen.		Die Krokodiler vereinbaren ein Treffen mit den Einbrechern.
Die Krokodiler zeigen die Diebe namentlich an.	Die Krokodiler zeigen die Diebe anonym bei der Polizei an.	
	Frank akzeptiert die Entscheidung der Gruppe, geht aber nicht mit zur Polizei.	Die Diebe stellen sich selbst der Polizei.
Frank ist sauer auf seinen Bruder und will, dass er bestraft wird.		Frank ist enttäuscht und läuft weinend davon.

 Male die Kästchen farbig an, die du für deine Fortsetzung der Geschichte verwenden willst.

 Setze die Geschichte fort. Schreibe auf ein Blatt.

Der Krokodiler-Rap

 Lies den Krokodiler-Rap.

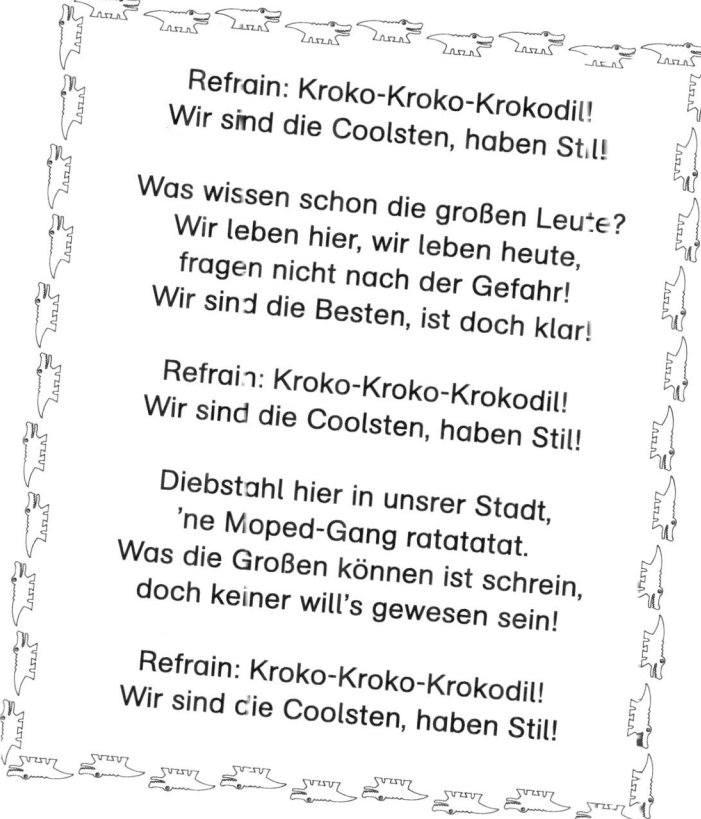

Refrain: Kroko-Kroko-Krokodil!
Wir sind die Coolsten, haben Stil!

Was wissen schon die großen Leute?
Wir leben hier, wir leben heute,
fragen nicht nach der Gefahr!
Wir sind die Besten, ist doch klar!

Refrain: Kroko-Kroko-Krokodil!
Wir sind die Coolsten, haben Stil!

Diebstahl hier in unsrer Stadt,
'ne Moped-Gang ratatatat.
Was die Großen können ist schrein,
doch keiner will's gewesen sein!

Refrain: Kroko-Kroko-Krokodil!
Wir sind die Coolsten, haben Stil!

 Denke dir eine weitere Strophe aus. Schreibe auf.

> Tipp:
> Suche zuerst
> passende Reimwörter!

_____

_____

_____

_____

_____

_____

 Übe den Rap mit zwei Klassenkameraden ein. Begleitet ihn mit Instrumenten und tragt ihn eurer Klasse vor.

Literaturkritik

Du hast dich intensiv mit der Lektüre und dem Autor auseinandergesetzt. Werde nun zum Literaturkritiker und bewerte das Buch. Möchtest du es anderen Lesern empfehlen?

✏️➤ Schreibe eine Literaturkritik zur Lektüre. Begründe deine Meinung.

Literaturkritik von _____ zu „Vorstadtkrokodile" (Max von der Grün)

Darum geht es in dem Buch: _____

_____

_____

Das hat mir an dem Buch nicht so gut gefallen: _____

_____

_____

Das hat mir an dem Buch sehr gut gefallen: _____

_____

_____

Sprachlich ist mir Folgendes aufgefallen:

☐ Der Autor verwendet viele schmückende Adjektive.

☐ Der Satzbau ist manchmal sehr kompliziert.

☐ Die Sprache ist einfach und leicht verständlich.

☐ Der Autor verwendet viele Redewendungen.

☐ Es taucht oft wörtliche Rede auf.

☐ Viele Begriffe kenne ich nicht, weil sie veraltet sind.

☐ Die Figuren sind so beschrieben, dass man ihnen sehr nah ist.

☐ _____

Ich empfehle das Buch besonders Kindern und Jugendlichen, die _____

_____

So viele Sterne vergebe ich: ☆ ☆ ☆ ☆ ☆

Mein Krokodil

Du brauchst:
- eine Schablone
- grünen, evtl. bunten Filz
- eine Nadel und dickeren Faden
- Watte
- zwei Knöpfe
- einen Filz- oder Stoffmalstift, eine Schere

So geht's:

1. Übertrage die Schablone zweimal auf grünen Filz.

2. Schneide die einzelnen Teile sorgfältig aus.

3. Lege die beiden Teile aufeinander und nähe sie am Rand zusammen.

4. Lass an der Unterseite des Krokodils ein Stück der Naht geöffnet. Fülle das Krokodil durch dieses Loch mit Watte. Schließe anschließend die Naht vollständig.

5. Nähe deinem Krokodil Knöpfe als Augen auf.

6. Gestalte dein Krokodil, indem du bunte Filzstücke aufnähst, Zierstiche aufstickst oder Muster aufzeichnest.

Das Spiel der Vorstadtkrokodile (1)

Du brauchst:

- vier Personenkarten
- Ereigniskarten
- Aktionskarten

- vier Spielsteine
- Würfel
- (Stopp-)Uhr

für vier Spieler

So geht's:

Stellt die Spielfiguren auf und legt die Aktions- und Ereigniskarten gemischt auf zwei Stapel.
Jeder Spieler zieht eine Personenkarte, ohne den anderen zu sagen, wer er ist.
Es wird reihum gewürfelt. Jeder versucht, so schnell wie möglich das Warenlager zu erreichen.
Doch Vorsicht: Einer von euch ist der Dieb! Kommt er zuerst an, so ist die Beute verloren.
Kommt jemand auf ein Fragezeichenfeld, zieht er eine Ereigniskarte, bei einem Ausrufezeichen
eine Aktionskarte. Es wird sofort ausgeführt, was darauf steht.
Bei den Aktionskarten gilt: richtig ausgeführt = ein Feld vor, nicht richtig oder gar nicht
ausgeführt = ein Feld zurück. Gebrauchte Karten werden wieder unter den Stapel gelegt.

Personenkarten

✂

Krokodiler	Krokodiler	Krokodiler	Dieb

Ereigniskarten

✂

Ereigniskarte Otto fährt mit seinem schnellen Fahrrad voraus. Rücke zwei Felder vor.	**Ereigniskarte** Theo muss heute auf seine kleine Schwester aufpassen. Setze einmal aus.
Ereigniskarte Otto macht Kunststücke mit seinem Fahrrad. Setze einmal aus.	**Ereigniskarte** Es geht bergab. Würfle noch einmal.
Ereigniskarte Kurt muss mal. Setze einmal aus.	**Ereigniskarte** Peter bohrt ausgiebig in der Nase. Setze einmal aus.
Ereigniskarte Olaf hat einen Platten. Gehe zurück zum Start.	**Ereigniskarte** Hannes läuft mit Kurt voraus. Rücke vier Felder vor.
Ereigniskarte Die Krokodiler geben Gas. Würfle noch einmal.	**Ereigniskarte** Es fängt an zu regnen. Die Krokodiler stellen sich unter. Setze einmal aus.

Das Spiel der Vorstadtkrokodile (2)

Ereigniskarten

✂

? Ereigniskarte ? Kurt hat eine Panne. Gehe zurück zum Start.	**? Ereigniskarte ?** Kurts Vater nimmt die Krokodiler mit dem Müllwagen mit. Rücke drei Felder vor.
? Ereigniskarte ? Nach Marias Picknick sind alle gestärkt. Rücke zwei Felder vor.	**? Ereigniskarte ?** Rudolf stürzt vom Rad und muss verarztet werden. Gehe zurück zum Start.

Aktionskarten

✂

! Aktionskarte ! Der Spruch „Krokodil! Krokodil!" gehört zur Mutprobe. Stelle dich auf einen Stuhl und rufe diesen Spruch.	**! Aktionskarte !** Das Hobby der Krokodiler ist Fahrrad fahren. Lege dich auf den Rücken und fahre eine Minute lang Fahrrad in der Luft.
! Aktionskarte ! Suche dir einen Partner. Fahre mit ihm eine Runde Schubkarre.	**! Aktionskarte !** Stelle eine Szene aus dem Buch pantomimisch dar, z. B. Theo schiebt seine kleine Schwester im Kinderwagen. Wenn ein Mitspieler sie errät, dürft ihr beide ein Feld vorrücken.
! Aktionskarte ! Male einen Begriff aus dem Buch auf ein Blatt Papier, z. B. Rollstuhl. Wenn ein Mitspieler den Begriff innerhalb von 30 Sekunden errät, dürft ihr beide ein Feld vorrücken.	**! Aktionskarte !** Nenne fünf Mitglieder der Krokodiler.
! Aktionskarte ! Ein Krokodiler muss fit sein. Mache zehn Kniebeugen.	**! Aktionskarte !** Deine Mutprobe: Trage den Krokodiler-Rap vor.
! Aktionskarte ! Erfinde einen Reim über die Krokodiler. Für einen Zweizeiler darfst du ein Feld vorrücken, für einen Vierzeiler zwei Felder.	

Das Spiel der Vorstadtkrokodile (3)

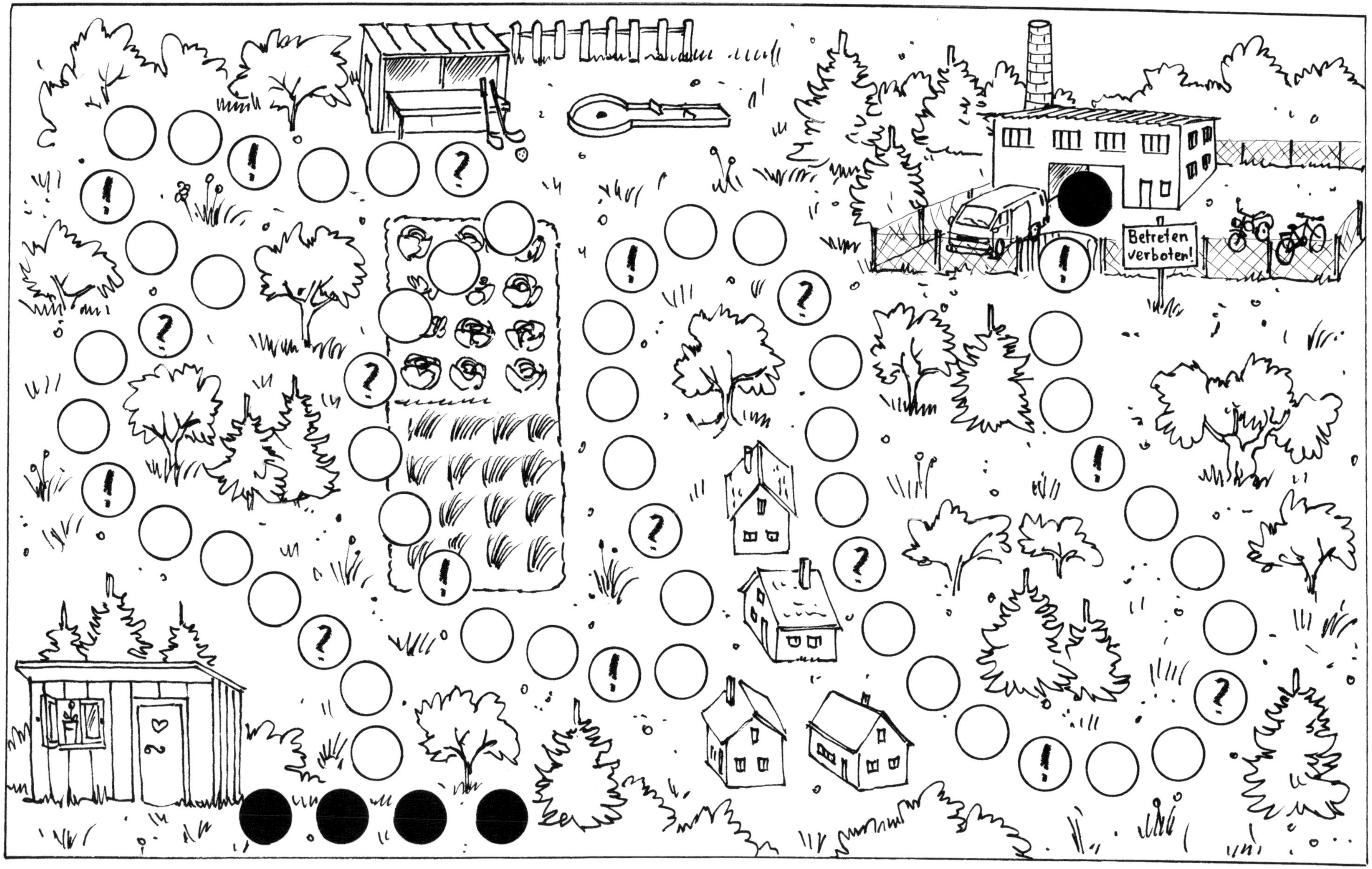